Conversando com Deus

Conversando com Deus

UM DIÁLOGO SOBRE AS PREOCUPAÇÕES E VERDADES DO MUNDO MODERNO

Livro II

Neale Donald Walsch

TRADUÇÃO DE
Clara Fernandes

AGIR

Do original
Conversations with God — Book 2

Publicado mediante acordo com Hampton Roads
Publishing Co. Inc., Charlottesville, Virginia, EUA

Capa
Douglas Lucas

Foto da capa
Alex Gott-Cumbers

Copidesque
Léia Coelho

Revisão
Taís Facina
Argemiro de Figueiredo

Produção editorial
Paulo Cesar Veiga

CIP-Brasil. Catalogação-na-fonte. Sindicato Nacional dos Editores de Livros, RJ.

W19c v.2 Walsch, Neale Donald
Conversando com Deus, livro II: um diálogo sobre as precupações e verdades do mundo moderno / Neale Donald Walsch; tradução de Clara Fernandes. — Rio de Janeiro: Agir, 2009.

Tradução de: Conversations with God, book II
ISBN 978-85-220-1371-5

1. Deus. 2. Vida espiritual. 3. Diálogos imaginários. I. Título.

08-4183 CDD: 291.4
CDU: 2-41

Agir Editora Ltda. — Uma empresa do Grupo Ediouro Publicações Ltda.
Rua Nova Jerusalém, 345 — CEP 21042-235 — Bonsucesso — Rio de Janeiro — RJ
Tel.: (21) 3882-8200 — Fax: (21) 3882-8212/8313

Para

Samantha
Tara-Jenelle
Nicholas
Travis
Karus
Tristan
Devon
Dustin
Dylan

Vocês me deram muito mais
do que eu já lhes dei.
Não fui o pai que desejaria ter sido.
Mas esperem. Nós ainda não acabamos.
Este é um trabalho em progresso.

Agradecimentos

Eu sempre quis colocar no topo da minha lista de agradecimentos Aquele Que É Todas as Coisas, a Fonte de tudo, inclusive deste livro. Alguns de vocês preferem chamá-Lo de Deus, como eu. Contudo não importa o nome que você dá à Fonte. Ela sempre foi A Fonte Eterna, e o será para todo o sempre.

Em segundo lugar, quero agradecer por ter tido pais maravilhosos, por intermédio dos quais brotou a própria fonte de vida divina, e dos quais provieram tantas das recordações mais importantes da minha vida. Minha mãe e meu pai formaram um time formidável. Nem todos que olhavam de fora podem ter concordado, mas os dois eram muito claros em relação a isso. Eles se chamavam de "Peste" e "Veneno". Mamãe dizia que papai era uma "peste", e papai dizia que mamãe era um "veneno" ao qual ele não podia resistir.

Minha mãe, Anne, era uma pessoa extraordinária; uma mulher com uma compaixão infinita, uma compreensão profunda, uma capacidade ilimitada de perdoar, uma dedicação aparentemente eterna, uma paciência constante, uma sabedoria benevolente e uma fé inabalável e tão grande em Deus que, momentos antes de sua morte, o novo e jovem padre que ministrara os ritos finais da Igreja Católica Romana (e que estava claramente nervoso) saiu da cabeceira de sua cama trêmulo de admiração e me sussurrou: "Meu Deus! Ela estava me confortando!"

É o maior tributo à minha mãe dizer que eu não fiquei surpreso com isso.

Meu pai, Alex, tinha poucos dos dons dos seres mais refinados. Era dado a rompantes, rude, às vezes constrangedoramente ferino, e há aqueles que dizem que, com freqüência, era cruel, particularmente com a minha mãe. Eu não quero julgá-lo por isso (ou por qualquer outra coisa). Ela se recusava a julgá-lo ou condená-lo (muito pelo contrário, elogiou-o até mesmo com as suas últimas palavras), e não posso imaginar o que ganharia ignorando o seu exemplo claro e me aprofundando nisso.

Meu pai também tinha inúmeras qualidades, que minha mãe nunca perdeu de vista, entre as quais incluíam-se uma firme crença na invencibilidade do espírito humano e uma idéia muito clara de que as condições que precisavam ser mudadas não o seriam com queixas a respeito delas, mas com liderança. Ele me ensinou que eu podia fazer qualquer coisa que quisesse. Era um homem de quem sua mulher e sua família podiam — e puderam — depender até o final. Era a personificação da lealdade, nunca ficando por cima do muro, mas sempre assumindo uma posição e se recusando a aceitar um não como resposta de um mundo que derrotava tantas outras pessoas. Seu mantra diante das situações mais difíceis era: "Ah, isso é simples!" Eu usei esse mantra em todas as situações difíceis da minha vida. Sempre deu certo.

É o maior tributo ao meu pai dizer que eu não fiquei surpreso com isso.

Entre eles dois, eu me sentia desafiado e colocado em um lugar de suprema confiança em mim mesmo, de amor incondicional por todas as pessoas. Que time!

Em meu livro anterior, agradeci a alguns outros membros de minha família e de meu círculo de amizades que deram uma enorme contribuição para a minha vida — e ainda dão. Quero incluir agora duas pessoas especiais que estão em minha vida desde que o primeiro livro foi escrito, e causaram-me grande impacto:

Dr. Leo e Sra. Letha Bush... que me demonstraram com suas vidas cotidianas que nos momentos de grande dedicação à família e aos entes queridos, de preocupação com amigos, de bondade para com os que dela necessitam, de hospitalidade para com todos, e de fé inabalável um no outro e amor recíproco, serão encontradas as melhores recompensas da vida. Eu fui instruído por eles, e profundamente inspirado.

Também desejo agradecer aqui a alguns dos meus mestres, anjos especiais que me foram enviados por Deus para me trazer uma mensagem particular que agora sei que foi importante ouvir. Alguns deles me tocaram pessoalmente, outros a distância, e outros ainda de um ponto tão distante na Matriz que nem mesmo sabem (no âmbito do consciente) que eu existo. Ainda assim, sua energia foi recebida aqui, em minha alma. Eles incluem outros filósofos, líderes, formadores de opinião, escritores e companheiros no Caminho cujas contribuições ao longo dos anos para a Consciência Coletiva ajudaram a criar um tesouro de sabedoria que provém da Mente de Deus, e portanto a constitui. É dessa Fonte que eu sei que veio o material de CCD. Vejo novamente, ao oferecer o *Livro II* desta trilogia, que esse trabalho é a culminação de tudo que eu sempre soube, ouvi, a que me vi exposto, ou que compreendi antes, trazido para um novo nível de acessibilidade através desta última de uma longa *série* de conversas que tive com Deus, de muitas formas. Na verdade, não há novas idéias no universo, apenas reafirmações da Verdade Eterna.

Além deste agradecimento geral a todos os meus mestres, desejo agradecer às seguintes pessoas, em particular, pelas dádivas que trouxeram para a minha vida:

Ken Keyes, Jr.... cujos *insights* influíram em milhares de vidas (inclusive na minha). Ele agora voltou para o Lar, tendo sido um ótimo mensageiro.

Dr. Robert Mueller... cujo trabalho em defesa da paz mundial beneficiou a todos nós, e deu a este planeta uma nova esperança e uma visão espetacular por mais de meio século.

Dolly Parton... cuja música e presença, além de seu sorriso, glorificaram um país e freqüentemente alegraram o meu coração — mesmo quando estava partido e eu tinha certeza de que nunca mais se alegraria. Agora há uma magia especial.

Terry Cole-Whittaker... cuja inteligência, sabedoria, alegria de viver e honestidade absoluta — e cujos *insights* — foram para mim tanto um exemplo como uma medida desde o dia em que a conheci.

Neil Diamond... que chegou ao fundo da sua alma por sua carreira artística, atingindo assim o fundo da minha, e tocando a alma de uma geração. Seu talento, e a generosidade emocional com que o partilhou, é monumental.

Thea Alexander... que ousou através de seus escritos mostrar-me a possibilidade de expressar afeto humano sem limitações, danos, interesses ocultos, ressentimentos amargos, carências ou expectativas. Ela tornou a despertar no mundo o espírito incansável do amor ilimitado e reacendeu o nosso desejo muito natural de celebração sexual, tornando-o de novo maravilhoso, belo e inocentemente puro.

Robert Rimmer... que fez exatamente o mesmo.

Warren Spahn... que me ensinou que chegar à excelência em qualquer área da vida significa estabelecer os padrões mais elevados e recusar-se a deixar de segui-los; exigir o máximo de si mesmo, mesmo quando aceitar o mínimo dificilmente seria notado (talvez, especialmente nesse caso). Um herói dos esportes de primeira grandeza, um herói do campo de batalha sob pressão e um herói da vida que nunca deixou de cumprir o seu compromisso de vencer, não importava quanto trabalho fosse preciso para isso.

Jimmy Carter... que corajosamente insiste em fazer política internacional não fazendo política, mas seguindo o seu coração e fazendo o que sabe que é correto segundo a Lei Superior. Um sopro de ar tão fresco com o qual este mundo de ar viciado mal sabe o que fazer.

Shirley MacLaine... que demonstrou que intelecto e diversão podem andar juntos; que podemos nos elevar acima da base e do banal, e do denominador comum mais baixo. Ela insiste em que podemos falar sobre coisas mais importantes tão bem quanto de coisas de menor importância. De coisas mais pesadas, como se fossem leves; de coisas mais profundas, como se fossem superficiais. Está tentando elevar o nível do nosso discurso e, portanto, da nossa consciência; usar construtivamente sua enorme influência no mercado de idéias.

Oprah Winfrey... que está fazendo exatamente o mesmo.

Steven Spielberg... que está fazendo exatamente o mesmo.

Ron Howard... que está fazendo exatamente o mesmo.

Hugh Downs... que está fazendo exatamente o mesmo.

E Gene Roddenberry... cujo Espírito pode ouvir isso agora e está sorrindo... porque ele foi o guia em grande parte desse caminho; arriscou-se e foi, na verdade, aonde ninguém jamais havia ido.

Essas pessoas são tesouros, como todos nós o somos. Contudo, ao contrário de alguns, elas decidiram dar o máximo do seu Eu de forma abrangente; expor-se de uma forma ampla; arriscar tudo, arriscar-se a perder sua privacidade e a atirar seu mundo pessoal em uma revolução contínua, para dar o que realmente são. Elas nem mesmo sabiam se a dádiva que tinham a oferecer seria recebida. Ainda assim, ofereceram-na.

Eu sou grato a elas por isso. Obrigado a todos. Minha vida foi enriquecida por vocês.

Introdução

Este é um documento extraordinário.

É uma mensagem de Deus, e nela Ele sugere uma revolução social, sexual, educacional, política, econômica e teológica neste mundo como nunca vimos e raramente imaginamos.

A sugestão é dada dentro do contexto dos nossos próprios desejos afirmados como habitantes do planeta. Nós dissemos que decidimos criar uma vida melhor para todos, elevar a nossa consciência, buscar um mundo diferente. Deus não nos condenará seja o que for que decidirmos, mas, se decidirmos isso, Ele desejará nos mostrar o caminho. Contudo, não nos forçará a aceitar Suas sugestões. Nem agora, e nem nunca.

Eu acho as palavras contidas neste livro ao mesmo tempo fascinantes, perturbadoras, provocadoras e inspiradoras. São fascinantes porque eu me surpreendo com o seu poder de alcance. São perturbadoras porque fazem com que eu me veja — e veja a raça humana — de um modo que é muito desconcertante. São provocadoras porque me desafiam como ninguém e nada jamais fez isso antes. Desafiam-me a ser melhor, maior do que tenho sido, a ser a Fonte de um mundo no qual a raiva, a inveja, a disfunção sexual, a desigualdade econômica e social, o baixo nível educacional, o sigilo político, as tramóias e os jogos de poder nunca voltem a fazer parte da experiência humana. São inspiradoras porque trazem a esperança de que tudo isso seja possível.

Podemos realmente criar esse mundo? Deus diz que sim, e que tudo que é preciso é realmente decidirmos fazer isso.

Este livro é um verdadeiro diálogo com Deus, o segundo de uma série de três livros que registram uma conversa com a Divindade que durou mais de cinco anos — e continua até hoje.

Você pode não acreditar que este material veio realmente de Deus, e eu não preciso que acredite. A única coisa importante para mim é se o material em si tem qualquer valor, traz qualquer *insight*, produz um despertar, renova um desejo, ou promove uma mudança benéfica em nossas vidas diárias na terra. Deus sabe que tudo tem de mudar. Não podemos continuar como sempre fomos.

A trilogia *Conversando com Deus* começou quando o Livro I desta série foi publicado nos EUA, em maio de 1995. Esse livro tratava principalmente de preocupações pessoais, e mudou a minha vida. Mudou um grande número de vidas. Em semanas suas vendas aumentaram muito, com a distribuição atingindo níveis surpreendentes. No final de seu primeiro ano, vendia 12 mil exemplares por mês, e as vendas continuavam a aumentar. É claro que o "autor" do livro era muito conhecido. E isso é que tornava o documento tão intrigante e convincente.

Eu me sinto profundamente grato por ser parte desse processo pelo qual algumas grandes verdades estão sendo relembradas por milhares de pessoas. Estou pessoalmente satisfeito e muito feliz com o fato de tantos de vocês terem encontrado valor na obra.

Quero que saibam que a princípio eu estava apavorado. Ocorreu-me que as pessoas poderiam achar que eu estava maluco, tendo delírios de grandeza. Ou que, se acreditassem que o material havia sido inspirado por Deus, seguiriam os conselhos contidos nele. E por que eu tinha medo disso? É simples. Sabia que tudo que tinha escrito podia estar errado.

Então as cartas começaram a chegar, de pessoas de todo o mundo. E aí eu soube. Em meu íntimo, eu soube. Aquilo estava certo. Era exatamente o que o mundo precisava ouvir, no momento certo!

(É claro que não existe "certo" e "errado", exceto dentro da experiência relativa da nossa existência. Portanto, o que quero dizer é que o livro está "certo" de acordo com quem e com o que dizemos neste planeta que queremos ser.)

Agora vem o Livro II, e eu percebo que tive medo de novo. Este livro trata de aspectos mais amplos das nossas vidas individuais, assim como de considerações geofísicas e geopolíticas de implicações mundiais. Como tal, suponho que conterá muito mais coisas de que o leitor comum poderá discordar. E, por isso, tenho medo. Tenho medo de que você não goste do que lerá aqui, que me considere "errado" em alguns pontos. Tenho medo de estar mexendo em um ninho de vespas, provocando uma tempestade, uma confusão. E, mais uma vez, tenho medo de que tudo aqui possa estar errado.

Certamente eu não deveria ter esses medos. Afinal de contas, não li o meu primeiro livro? Bem, aí está. A minha condição humana de novo. Veja bem, não é o meu objetivo tornar essas coisas públicas para impressionar as pessoas. Só desejo revelar-lhe de modo honesto e franco o que Deus me disse em resposta às minhas perguntas. Eu fiz essa promessa a Ele — que tornaria essas conversas públicas — e não posso deixar de cumpri-la.

Você também não pode deixar de cumprir a sua. Obviamente, fez a promessa de permitir que fossem constantemente contestados todos os seus pensamentos, e todas as suas idéias e crenças. Claramente, assumiu o compromisso de crescer sempre. Somente uma pessoa com esse compromisso leria um livro como este.

Então, ao que parece, estamos nisso juntos. E não há nada a temer. Nós somos o que somos, fazemos o que fazemos como um resultado disso e tudo que temos de fazer é ser fiéis a isso. O que eu agora percebo, e que acho que sabia o tempo todo, é que você e eu somos mensageiros. Se não fôssemos, eu não estaria escrevendo isto, e você certamente não o estaria lendo. Somos mensageiros, e temos trabalho a fazer. Em primeiro lugar, temos de nos certificar de que entendemos claramente a mensagem que recebemos nos livros CCD. Em segundo, temos de integrar essa mensagem às nossas vidas para que se torne funcional. E, em terceiro, temos de transmiti-la para as outras pessoas, levando a sua verdade para todos aqueles em cujas vidas influímos, pelo meio simples do nosso exemplo.

Eu estou feliz por você ter decidido fazer esta jornada comigo. É muito mais fácil e divertido com você do que sem você. Vamos caminhar juntos agora ao longo destas páginas. Isso pode ser ocasionalmente um pouco difícil. Não como o Livro I, que foi o grande e caloroso abraço divino; os braços de Deus ao redor dos seus ombros. O Livro II é o igualmente carinhoso, porém mais firme, sacudir desses ombros. Um toque de despertar. Um desafio para passar para o próximo nível.

Você sabe, sempre há um próximo nível. Sua alma — que veio aqui atrás da experiência mais rica, não da mais pobre; do máximo, não do mínimo — gostaria que você não descansasse. E, embora a escolha seja sempre sua, sua alma preferiria que você nunca se tornasse vaidoso ou acomodado, e nunca caísse na apatia. Porque há tanto para mudar em seu mundo, tanto deixado de si mesmo para você criar! Sempre há uma nova montanha para escalar, uma nova fronteira para explorar, um novo medo para vencer. Sempre há um lugar melhor, um conceito mais amplo, uma visão maior.

Por isso este livro pode ser um pouco mais inquietante do que o Livro I. Agüente a inquietação se, e quando, a sentir. Agarre-se ao barco se ele começar a balançar. Então viva dentro de um novo paradigma. Melhor ainda, através da surpresa e do exemplo de sua própria vida, ajude a criar um.

Neale Donald Walsch
Ashland, Oregon
Março de 1997

Capítulo 1

Obrigado por vir. Obrigado por estar aqui.

É verdade que você tinha assumido o compromisso de vir, mas, ainda assim, poderia não ter vindo. Poderia ter escolhido não vir. Em vez disso escolheu estar aqui, na hora e no lugar marcado, para que este livro chegasse às suas mãos. Por isso, obrigado.

Agora, se você agiu assim subconscientemente, sem ao menos saber o que estava fazendo, ou o porquê, uma parte disto pode ser um mistério para você, e algumas explicações talvez sejam necessárias.

Vamos começar fazendo-o perceber que este livro chegou na sua vida no momento certo e perfeito. Talvez não saiba disso agora, mas quando terminar a experiência que lhe está reservada, saberá muito bem. Tudo acontece em perfeita ordem, e a chegada deste livro na sua vida não é exceção.

O que você tem aqui é aquilo pelo qual procurou e ansiou durante muito tempo. É seu mais recente — e para alguns de vocês talvez o primeiro — contato muito real com Deus.

Isto é um contato, e muito real.

Deus vai ter uma verdadeira conversa com você agora, por meu intermédio. Eu não teria dito isto alguns anos atrás; digo agora porque já tive esse diálogo e por isso sei que ele é possível. Não só é possível, como acontece o tempo todo. Do mesmo modo como este está acontecendo, aqui e agora.

O que é importante que compreenda é que você, em parte, fez isto acontecer, assim como fez este livro estar em suas mãos neste momento. Todos nós somos causadores dos eventos em nossas vidas, e co-criadores com o Único Grande Criador de todas as circunstâncias que conduzem a esses eventos.

Minha primeira experiência de conversar com Deus em seu interesse ocorreu em 1992-93. Eu havia escrito uma carta irritada para Ele, perguntando por que minha vida tinha-se tornado um exemplo tão perfeito de luta e fracasso. Em tudo, de meus relacionamentos românticos à minha vida profissional, às minhas interações com meus filhos e à minha saúde — *em tudo* — eu só experimentava lutas e fracasso. Minha carta para Deus pedia para saber por quê —, e o que era preciso fazer para a minha vida dar certo.

Para minha surpresa, aquela carta foi respondida.

Do resultado das respostas, surgiu um livro, publicado em maio de 1995 com o título de *Conversando com Deus*, Livro I. Talvez você tenha ouvido falar dele, ou até mesmo lido. Se leu, não precisa de mais apresentações deste livro.

Se você não leu o primeiro livro, espero que leia logo, porque ele explica mais detalhadamente como tudo isto começou e responde a muitas perguntas sobre as nossas vidas pessoais — sobre dinheiro, amor, sexo, Deus, saúde e doença, o ato de alimentar-se, relacionamentos, "trabalho certo" e muitos outros aspectos da nossa experiência diária — que não são abordados aqui.

Se existe uma dádiva que eu pediria a Deus para conceder ao mundo, neste momento, seriam as informações contidas no Livro I. Fiel ao modelo (*Antes mesmo de pedirem, Eu já terei concedido.*), Deus já fez isso.

Por isso eu espero que, depois de ler este livro (ou talvez mesmo antes de terminá-lo) você escolha ler o primeiro. É tudo uma questão de escolha, assim como a Pura Escolha o trouxe a estas palavras agora, como criou todas as experiências que você já teve. (Um conceito que é explicado nesse primeiro livro.)

Estes parágrafos iniciais do Livro II foram escritos em março de 1996, para fornecer uma breve introdução às informações que seguem. Como no Livro I, o processo pelo qual eu as "recebi" foi extremamente simples. Em uma folha de papel em branco, apenas escrevia uma pergunta — qualquer uma... geralmente a primeira que vinha à minha cabeça — e assim que a pergunta era escrita a resposta se formava em minha cabeça, como se Alguém estivesse sussurrando em meu ouvido. Eu estava tomando ditado!

Com exceção destas poucas linhas introdutórias, todo o material deste livro foi colocado no papel entre a primavera de 1993 e pouco mais de um ano depois. Eu gostaria de apresentá-lo a você agora, como veio de mim e me foi fornecido...

É domingo de Páscoa de 1993 e — conforme as instruções que recebi — estou aqui, com um lápis na mão e um bloco de notas, pronto para começar.

Suponho que deveria dizer-lhe que Deus me pediu para estar aqui. Tínhamos um encontro marcado. Devíamos começar — hoje — o Livro II, o segundo de uma trilogia que Deus, eu e vocês estamos experimentando juntos.

Ainda não tenho a mínima idéia do que este livro irá dizer, ou mesmo dos temas específicos que abordaremos. Isso ocorre porque não há um plano em minha cabeça. Não pode haver. Não sou eu quem decide do que o livro tratará. É Deus.

No domingo de Páscoa de 1992 — há um ano — Deus iniciou um diálogo comigo. Eu sei que isso parece ridículo, mas é o que aconteceu. Não muito tempo atrás, esse diálogo terminou. Recebi instruções para descansar... mas Deus também me disse que tínhamos um "encontro" marcado hoje, para retomar essa conversa.

Você tem um encontro também. Está comparecendo a ele agora. Tenho certeza de que este livro não está sendo escrito apenas para mim, mas para você também por meu *intermédio*. Aparentemente você procura Deus — e a Palavra *Dele* — há muito tempo. Eu também.

Hoje encontraremos Deus juntos. Esse é sempre o melhor modo de encontrá-Lo. Nunca devemos encontrá-Lo separados. Quero dizer isso de dois modos. Quero dizer que não encontraremos Deus enquanto *nós* estivermos separados. Porque o primeiro passo para descobrir que não estamos separados de Deus é descobrir que não estamos separados uns dos outros, e enquanto não soubermos e percebermos que todos *nós* somos Um, não poderemos saber e perceber que nós e Deus somos Um.

Deus nunca está separado de nós, apenas *achamos* que estamos separados Dele.

Esse é um erro comum. Também achamos que estamos separados uns dos outros. E então eu descobri que o modo mais rápido de "encontrar Deus" é nos encontrarmos. Parar de nos escondermos uns dos outros e, é claro, de nós mesmos.

O modo mais rápido de parar de nos escondermos é dizer a verdade. Para todos. O tempo todo.

Comece dizendo a verdade agora, e nunca pare. Comece dizendo a verdade para si mesmo sobre si mesmo. Então diga a verdade para si mesmo sobre outra pessoa. Depois diga a verdade sobre si mesmo para outra pessoa. A seguir diga a verdade sobre outra pessoa para essa pessoa. Finalmente, diga a verdade para todos sobre tudo.

Esses são os *Cinco Níveis de Dizer a Verdade.* Esse é o caminho de cinco passos para a liberdade. A verdade o *libertará.*

Este livro é sobre a verdade. Não a minha verdade, mas a de Deus.

Nosso diálogo inicial — de Deus e meu — foi concluído há apenas um mês. Eu presumo que este será como o primeiro. Isto é, eu faço perguntas e Deus responde. Acho que vou parar, e fazer perguntas para Ele agora.

Deus — é assim que será?

Sim.

Eu achei que seria.

Exceto que neste livro Eu Mesmo abordarei alguns temas, sem você perguntar. Como sabe, não fiz muito isso no primeiro livro.

Sim. Por que o Senhor está fazendo essa mudança aqui?

Porque este livro está sendo escrito a Meu pedido. Eu lhe pedi para vir aqui — como salientou. O primeiro livro foi um projeto que você começou sozinho.

Com o primeiro livro você tinha coisas a fazer. Com este não tem, só tem de fazer a Minha Vontade.

Sim. Está correto.

Esta, Neale, é uma ótima posição para estar. Espero que você e outras pessoas estejam nela freqüentemente.

Mas eu pensei que a Sua Vontade era a minha. Como posso *não* fazer a Sua Vontade se é a mesma minha?

Essa é uma pergunta difícil — e esse é um bom ponto de partida para começarmos este diálogo.

Vamos recuar alguns passos. Eu nunca disse que a Minha Vontade era a sua.

Sim, o Senhor disse! No último livro, disse muito claramente para mim: "Sua vontade é a Minha Vontade."

De fato — mas isso não é a mesma coisa.

Não? Eu poderia ter jurado que sim.

Dizer "Sua vontade é a Minha Vontade", não é o mesmo que dizer que a Minha Vontade é a sua.

Se você fizesse a Minha Vontade o tempo todo, não lhe restaria mais nada a fazer para chegar à Iluminação. O processo estaria concluído. Você já teria chegado lá.

Um dia fazendo apenas a Minha Vontade lhe traria a Iluminação. Se você tivesse feito a Minha Vontade durante todos os seus anos de vida, dificilmente precisaria estar envolvido com este livro agora.

Por isso está claro que você não tem feito a Minha Vontade. De fato, na maior parte do tempo nem mesmo a conhece.

Não?

Não.

Então por que o Senhor não me diz qual é?

Eu digo. Você é que não presta atenção. E quando não presta atenção, não ouve realmente. E quando ouve, não acredita no que está ouvindo. E quando acredita no que está ouvindo, de qualquer modo não segue as instruções.

Então dizer que a Minha Vontade é a sua é demonstravelmente incorreto.

Por outro lado, sua vontade é a Minha Vontade. Em primeiro lugar, porque Eu a conheço. Em segundo, porque a aceito. Em terceiro, porque a louvo. Em quarto, porque a amo. Em quinto, porque a reconheço e chamo de Minha.

Isso significa que você tem livre-*arbítrio para fazer o que quiser — e que Eu* torno *a sua vontade Minha, através do amor incondicional.*

Agora, para a Minha Vontade ser sua, você teria de fazer o mesmo.

Em primeiro lugar, teria de conhecê-la. Em segundo, de aceitá-la. Em terceiro, de louvá-la. Em quarto, de amá-la. Finalmente, teria de chamá-la de sua.

Em toda a história da sua raça, apenas alguns de vocês fizeram isso sistematicamente. Uns poucos fizeram quase sempre. Muitos fizeram um grande número de vezes. Uma grande quantidade de pessoas fez de vez em quando. E praticamente todos fizeram em raras ocasiões — embora alguns nunca tenham feito.

Em que categoria estou incluído?

Isso importa? Em que categoria quer estar incluído daqui em diante? *Essa não é a pergunta pertinente?*

Sim.

E qual é a sua resposta?

Eu gostaria de estar incluído na primeira categoria, de conhecer e fazer a Sua Vontade o tempo todo.

Isso é louvável e provavelmente impossível.

Por quê?

Porque você tem de se desenvolver muito para poder fazer juz a isso. Contudo eu lhe digo que poderia fazer juz a isso, passar à Divindade, neste instante, se essa fosse a sua escolha. Seu desenvolvimento não precisa demorar tanto tempo.

Então por que *tem* demorado?

De fato. Por quê? Pelo quê está esperando? Certamente não acha que sou Eu quem o detém.

Não. Sou eu que me detenho.

Ótimo. A clareza é o primeiro passo para a mestria.

Eu gostaria de chegar à mestria. Como posso fazer isso?

Continue a ler este livro. É exatamente aonde Eu o estou levando.

Capítulo 2

Não estou certo de que sei até onde este livro irá. Não sei bem por onde começar.

Vamos precisar de tempo.

De quanto tempo? Já precisei de *cinco meses* para chegar do primeiro capítulo até este. Sei que as pessoas lêem isto e acham que foi tudo escrito de uma forma constante e ininterrupta. Não sabem que vinte *semanas* separaram os 32º e 33º parágrafos deste livro. Não compreendem que às vezes os momentos de inspiração ocorrem a intervalos de meio ano. De quanto tempo precisaremos?

Não foi isso que Eu quis dizer. Quis dizer que precisaremos de "Tempo" como nosso primeiro tema, um lugar por onde começar.

Ah! Está bem! Mas tratando desse tema, por que às vezes eu preciso de cinco meses para completar um simples parágrafo? Por que o Senhor demora tanto para me visitar?

*Meu amigo e filho maravilhoso, Eu não demoro muito tempo para "visitá-lo". **Estou sempre ao seu lado, só que nem sempre você tem*** consciência *disso.*

Por quê? Por que eu não tenho consciência da Sua presença, se o Senhor está sempre aqui?

Porque você está sempre envolvido com outras coisas em sua vida. Vamos encarar isso. Você esteve muito ocupado nos últimos cinco meses.

Sim. Estive. Há muitas coisas acontecendo.

E você as tornou mais importantes do que Eu.

Essa não parece ser a minha verdade.

Eu o convido a examinar as suas ações. Você tem estado muito envolvido com a sua vida física. Tem prestado muito pouca atenção à sua alma.

Foi um período difícil.

Sim. Mais um motivo para você ter incluído a sua alma no processo. Esses últimos meses teriam sido muito mais tranqüilos com a Minha ajuda. Por isso posso sugerir que não perca contato?

Tentarei fazer isso, mas pareço estar perdido, envolvido, como o Senhor disse, com meu próprio drama. E então, por alguma razão, não encontro tempo para o Senhor. Não medito. Não rezo. E certamente não escrevo.

Eu sei. É uma ironia da vida o fato de você evitar nossa conexão, justamente quando mais precisa.

Como posso parar de fazer isso?

Pare de fazer isso.

Como?

Pare de fazer isso parando de fazer isso.

Não é simples assim.

É simples assim.

Eu gostaria que fosse.

Então realmente *será, porque seu desenho é a Minha ordem. Lembre-se, Meu caro, seus desejos são os Meus desejos. Sua vontade é a Minha Vontade.*

Está bem. Então eu desejo que este livro esteja terminado até março. Estamos em outubro. Não desejo mais intervalos de cinco meses no recebimento do material.

Assim será.

Ótimo.

A menos que não esteja.

Ah! Temos de jogar esses jogos?

Não. Mas até agora foi assim que você decidiu levar a sua Vida. Fica mudando de opinião. Lembre-se de que a vida é um processo contínuo de criação. Você cria a sua realidade todos os minutos. Freqüentemente a decisão que toma hoje não é a escolha que faz amanhã. Contudo, eis um segredo de todos os Mestres: escolha sempre a mesma coisa.

Sempre? Uma vez só não basta?

Sempre até a sua vontade se manifestar em sua realidade.

Para alguns isso pode levar anos. Para outros, meses. Para outros mais, semanas. Para aqueles que se aproximam da mestria, dias, horas ou até mesmo minutos. Para os Mestres, a criação é instantânea.

Você pode dizer que está a caminho da mestria quando vê diminuir a diferença entre a Vontade e a Experiência.

O Senhor disse: "Freqüentemente a decisão que toma hoje não é a escolha que faz amanhã." E daí? Está dizendo que nunca deveríamos mudar de idéia?

Mude de idéia sempre que quiser. Mas lembre-se de que a cada mudança de idéia vem uma mudança na direção de todo o Universo.

Quando você "muda de idéia" a respeito de alguma coisa, coloca o Universo em movimento. Forças além da sua compreensão — muito mais sutis e complexas do que poderia imaginar — se engajam em um processo, cuja complicada dinâmica você só agora começa a entender.

Essas forças e esse processo são parte do extraordinário conjunto de energias interativas que formam a totalidade da existência que você chama de vida.

São, na essência, Eu.

Então quando eu mudo de idéia estou tornando as coisas difíceis para o Senhor? É isso?

Nada é difícil para mim — mas você pode estar tornando as coisas muito difíceis para si mesmo. Por esse motivo, tenha uma única idéia e finalidade em relação a uma coisa. E não as tire da sua mente até tê-la produzido na realidade. Mantenha-se concentrado.

É isso que Eu quero dizer com ter uma única finalidade. Se você escolher alguma coisa, escolha-a com toda a sua força e de todo coração. Não desanime. Siga em frente! Continue a mover-se na direção dela. Seja determinado.

Não aceite um *não* como resposta.

Exatamente.

Mas e se *não* for a resposta certa? E se o que quisermos não for para nós — para o nosso próprio bem e no nosso interesse? Então o Senhor não nos dará, certo?

Errado. Eu lhe "darei" tudo que fizer acontecer, seja "bom" ou "ruim" para você. Tem examinado a sua vida ultimamente?

Mas me ensinaram que nem sempre temos o que desejamos — que Deus não nos dá o que não é para o nosso bem.

Isso é algo que as pessoas lhe dizem quando não querem que fique desapontado com um determinado resultado.

Em primeiro lugar, vamos ser claros no que diz respeito ao nosso relacionamento. Eu não lhe "dou" coisa alguma — você a faz acontecer. O Livro I explica com detalhes exatamente como faz isso.

Em segundo, não julgue o que faz acontecer. Eu não digo que uma coisa é "boa" ou "ruim". (Você também não deveria dizer.)

Você é um ser criativo — criado à imagem e semelhança de Deus. Pode ter tudo que escolher. Mas pode não ter nada do que quer. De fato, nunca terá nada *do que quer se o quiser demais.*

Eu sei. O Senhor também explicou isso no Livro I. Disse que o ato de querer uma coisa a afasta de nós.

Sim, e você se lembra por quê?

Porque os pensamentos são criativos, e o pensamento de querer uma coisa é uma afirmação para o universo — uma declaração de uma verdade — que o Universo então produz em minha realidade.

É isso! Exatamente! Você aprendeu. Realmente *compreende. Isso é ótimo.*

Bem, é dessa forma que funciona. No momento em que você diz "eu quero" alguma coisa, o universo diz "de fato quer" e lhe dá essa exata experiência — a de "querê-la".

Seja o que for que você puser depois da palavra "eu", torna-se a sua ordem criativa. O gênio na garrafa — que Eu Sou — existe apenas para obedecer.

Eu produzo o que você afirma! Você afirma exatamente o que pensa, sente e diz. É simples assim.

Então diga-me novamente — por que preciso de tanto tempo para criar a realidade que escolho?

Por vários motivos. Porque você não acredita que pode ter o que escolhe. Porque não sabe o que *escolher. Porque fica tentando desco-*

brir o que é "melhor" para você. Porque quer garantias de que todas as suas escolhas serão "boas". E porque fica mudando de idéia!

Deixe-me ver se eu compreendo. Não deveria tentar descobrir o que é melhor para mim?

"Melhor" é um termo relativo, que depende de centenas de variáveis. Isso torna as escolhas muito difíceis. Deveria haver apenas uma consideração ao tomar qualquer decisão — ela é uma afirmação de Quem Eu Sou? É um anúncio de Quem Eu Escolho Ser?

Toda a vida deveria ser esse anúncio. De fato, toda a vida é. Você pode permitir que esse anúncio seja feito por acaso ou escolha.

Uma vida vivida por escolha é uma vida de ação consciente. Uma vida vivida por acaso é uma vida de reação inconsciente.

A reação é apenas isso — uma ação que você realizou antes. Quando você "re-age", o que faz é avaliar os dados que chegam, procurar em seu banco de memória pela mesma — ou por quase a mesma — experiência, e agir do modo como agiu antes. *Tudo isso é o trabalho da sua mente, não da sua alma.*

Sua alma o faria procurar em sua *"memória" para ver como poderia criar uma* experiência realmente genuína *de Você no Momento Atual. Essa é a experiência da "busca da alma" da qual você ouviu falar com tanta freqüência, mas que precisa literalmente estar "fora de sua mente" para ter.*

Quando você perde o seu tempo tentando descobrir o que é "melhor" para você, está fazendo apenas isso: perdendo o seu tempo. *É melhor* economizar *o seu tempo do que desperdiçá-lo.*

É uma grande economia de tempo estar fora da sua mente. As decisões são tomadas prontamente e as escolhas são feitas de forma rápida, porque a sua alma cria apenas a partir da experiência atual, sem rever ou analisar criticamente as experiências passadas.

Lembre-se de que a alma cria, a mente reage.

Em Sua sabedoria, a alma sabe que a experiência que você está tendo Neste Momento lhe foi concedida por Deus antes de você ter consciência dela. É isso que quer dizer uma experiência "presente". Ela já está a caminho antes de você buscá-la — porque antes mesmo de pedirem, eu já terei concedido. Todo Momento Atual é uma dádiva gloriosa de Deus. É por isso que é chamado de presente.

A alma busca intuitivamente a circunstância e a situação perfeitas que são necessárias agora para corrigir o pensamento errôneo e proporcionar-lhe a legítima experiência de Quem Realmente É.

É o desejo da alma levá-lo de volta para Deus — para a sua morada, para Mim.

É a intenção da alma conhecer-se experimentalmente *— e portanto conhecer a Mim. Porque a alma entende que Você e Eu somos Um, mesmo quando a mente nega essa verdade e o corpo age de acordo com essa negação.*

Por isso, em momentos de decisões importantes, saia da sua mente, e faça algumas buscas da alma.

A alma compreende o que a mente não pode conceber.

Se perder o seu tempo tentando descobrir o que é "melhor" para você, suas escolhas serão cautelosas, suas decisões demorarão uma eternidade para serem tomadas e sua jornada será feita em um mar de expectativas.

Uau! Isso é que é uma resposta! Mas como eu presto atenção à minha alma? Como sei o que estou ouvindo?

A alma fala com você através dos sentimentos. Preste atenção aos seus sentimentos. Aja de acordo com eles. Respeite-os.

Por que eu tenho a impressão de que respeitar os meus sentimentos foi exatamente o que me fez ter problemas?

Porque você rotulou crescimento como "problema" e ficar parado como "estar seguro".

Eu lhe digo que seus sentimentos nunca o farão ter "problemas", porque são a sua verdade.

Se você quiser ter uma vida em que nunca age de acordo com os seus sentimentos, mas em que todos os sentimentos são filtrados pelo maquinismo da sua Mente, tudo bem. Tome as suas decisões baseado na análise que a sua Mente faz da situação. Mas não procure alegria nessas maquinações, ou a celebração de Quem Realmente É.

Lembre-se de que a verdadeira celebração é irracional.

Se ouvir a sua alma saberá o que é "melhor" para você, porque o que é melhor para você é a sua verdade.

Quando você age apenas de acordo com a sua verdade, segue mais depressa o caminho. Quando cria *uma experiência com base em uma "verdade atual", em vez de reagir a uma experiência baseado em uma "verdade passada", produz um "novo você".*

Por que é preciso tanto tempo para criar a realidade que você escolhe? Porque você não tem vivido a sua verdade.

Conheça a verdade, e ela o libertará.

Contudo, quando conhecer a sua verdade, não fique mudando de idéia em relação a ela. *Isso é a sua mente tentando descobrir o que é "melhor". Faça-a parar. Saia dela. Caia em si!*

É isso que significa *"cair em si". É voltar ao modo como você se sente, não ao modo como* pensa. *Seus pensamentos são apenas isso — pensamentos. Construções mentais. "Invenções" da sua mente. Mas seus* sentimentos — *são* reais.

Os sentimentos são a linguagem da alma. E sua alma é sua verdade.

Aí está. Isso agora faz sentido para você?

Significa que devemos expressar qualquer sentimento — não importa o quanto seja negativo ou destrutivo?

Os sentimentos não são negativos ou destrutivos. São simplesmente verdades. O que importa é como você expressa a sua verdade.

Quando você expressa a sua verdade com amor, raramente ocorrem resultados negativos ou prejudiciais e, quando ocorrem, em geral é porque outra pessoa escolheu experimentar a sua verdade de um modo negativo ou prejudicial. Nesse caso, provavelmente não há nada que você possa fazer para evitar o resultado.

Certamente, deixar de *expressar a sua verdade não seria apropriado. Contudo, as pessoas fazem isso o tempo todo. Temem tanto causar ou enfrentar situações desagradáveis que escondem totalmente as suas verdades.*

Lembre-se do quanto é menos importante uma mensagem ser bem recebida do que bem transmitida.

Você não pode assumir a responsabilidade por até que ponto outra pessoa aceita bem a sua verdade; só pode garantir até que ponto é bem transmitida. Com isso Eu não me refiro apenas a até que ponto é transmitida claramente, mas também amorosa, compassiva, sensível, corajosa e completamente.

Isso não deixa espaço para meias-verdades, a "verdade brutal", ou até mesmo a "verdade sem rodeios". Significa a verdade, toda a verdade, e nada além dela. Portanto, que Deus o ajude.

É a parte "que Deus o ajude" que traz as qualidades divinas de amor e compaixão — porque Eu o ajudarei a comunicar-se sempre dessa forma, se Me pedir.

Então sim, expresse o que você chama de seus sentimentos mais "negativos", mas não destrutivamente.

Deixar de expressá-los (expulsá-los, livrar-se deles) não os faz desaparecer, mas os guarda em seu íntimo. *A negatividade "guardada" prejudica o corpo e representa um peso para a alma.*

Mas se outra pessoa ouvisse todos os meus pensamentos negativos a respeito dela, isso afetaria o relacionamento, não importa o quanto eles fossem expressados de uma forma carinhosa.

Eu disse para expressar os seus sentimentos negativos (expulsá-los, livrar-se deles) — não disse como, ou para quem.

Nem toda negatividade precisa ser partilhada com a pessoa que a desperta. Só é preciso manifestar esses sentimentos para ela quando o ato de não fazê-lo comprometeria a sua integridade ou a faria acreditar em uma inverdade.

A negatividade nunca é um sinal de verdade máxima, mesmo se parecer a sua verdade atual. Ela pode surgir de uma parte doente de você. De fato, sempre *surge.*

Por isso é tão importante expulsar essas negatividades, livrar-se delas. Somente assim — colocando-as para fora, diante de você — poderá vê-las com clareza o suficiente para saber se realmente acredita nelas.

Todos vocês já disseram coisas — desagradáveis — apenas para descobrir que, depois que as disseram, deixaram de parecer "verdadeiras".

Todos vocês já expressaram sentimentos — de medo, raiva e ódio — apenas para descobrir que, depois que os expressaram, deixaram de revelar o modo como realmente *se sentiam.*

Portanto, os sentimentos podem ser enganadores. São a linguagem da alma, mas você deve certificar-se de que está prestando atenção aos seus verdadeiros sentimentos *e não a uma imagem falsa construída em sua mente.*

Ah, então agora eu nem mesmo posso confiar em meus *sentimentos*. Que ótimo! Achei que esse era o caminho para a verdade! Pensei que era isso que o Senhor estava me *ensinando*.

E é. Eu estou. Mas preste atenção, porque isso é mais complexo do que você imagina. Alguns sentimentos são verdadeiros *— isto é, nascidos na alma — e outros falsos. Esses são construídos em sua mente.*

Em outras palavras, eles não são de forma alguma "sentimentos" — são pensamentos disfarçados *de sentimentos.*

Esses pensamentos se baseiam em sua experiência anterior e na experiência observada de outras pessoas. Você vê alguém fazer uma careta quando tem um dente extraído e faz o mesmo. Pode nem mesmo doer, *mas você faz a careta do mesmo modo. Sua reação não tem nada que ver com a realidade, apenas com como a* percebe, *baseado na experiência de outras pessoas ou em algo que lhe aconteceu no* passado.

O maior desafio dos seres humanos é Estar Aqui Agora, parar de imaginar coisas! Parar de criar pensamentos sobre um momento presente (um momento que você "se deu" antes de ter pensado nele). Permaneça no momento. *Lembre-se de que* deu *ao seu Eu esse momento como uma dádiva. O momento continha a semente de uma grande verdade, da qual você desejou se lembrar. Contudo, quando ele chegou, você logo começou a construir pensamentos sobre essa verdade. Em vez de permanecer* no *momento, ficou fora dele e o julgou. Então re-agiu. Isto é, agiu como* havia agido antes.

Agora olhe para estas duas palavras:

REATIVO

CRIATIVO

Observe que são praticamente a mesma palavra. *Apenas foi acrescentado um "C" e o "E" foi trocado por "I". Quando você "C" as coisas corretamente, torna-se Criativo, em vez de Reativo.**

Isso é muito inteligente.

Bem, Deus é assim.

Mas, veja bem, o que estou tentando dizer é que quando você chega a cada momento puramente, sem um pensamento anterior a respeito dele, *pode criar quem é, em vez de representar quem um dia* foi.

A vida é um processo de criação, e você a vive como se fosse um processo de representação!

Mas como um ser humano racional pode ignorar a sua experiência anterior no momento em que algo ocorre? Não é normal lembrar-se de tudo que sabe sobre o assunto e reagir de acordo com isso?

Pode ser normal, mas não é natural. *"Normal" significa algo que é geralmente feito. "Natural" é como você é quando não está tentando ser "normal"!*

Natural e normal não são a mesma coisa. Em um dado momento, você pode fazer o que faz normalmente, ou o que vem naturalmente.

Eu lhe digo que nada é mais natural do que o amor.

* No original, em inglês, o "C" tem o mesmo som de "see" (ver), por isso o trocadilho. E é apenas o "C" que troca de lugar e altera o sentido da palavra (REACTIVE/CREATIVE). (N. do R.)

Se você agir amorosamente, estará agindo naturalmente. Se reagir temerosa, ressentida e zangadamente, poderá estar agindo normalmente, *mas nunca* naturalmente.

Como eu posso agir com amor quando toda a minha experiência anterior me diz em alto e bom tom que um determinado "momento" tem probabilidades de ser doloroso?

Ignore a sua experiência anterior e entre no momento. *Esteja Aqui Agora. Veja o que há para ser trabalhado* agora *para* se criar de outro modo.

Lembre-se de que é isso que você está fazendo aqui.

Você veio a este mundo assim, neste momento, neste lugar, para Saber Quem É — e criar Quem Deseja Ser.

Esse é o objetivo de toda a vida. A vida é um processo contínuo e eterno de recriação. Você fica recriando os seus "eus" à imagem de sua próxima idéia mais elevada de si mesmo.

Mas isso não é um pouco como o homem que pulou do prédio mais alto, certo de que poderia voar? Ele ignorou sua "experiência anterior" *e* a "experiência observada das outras pessoas" e pulou, ao mesmo tempo declarando: "Eu sou Deus!" Isso não parece muito sensato.

E Eu lhe digo que os homens obtiveram resultados muito melhores do que voar. Eles curaram doenças. Ressuscitaram os mortos.

Um homem fez isso.

Você acha que esses poderes sobre o universo físico foram concedidos a apenas um homem?

Apenas um homem demonstrou tê-los.

Não. Quem dividiu o Mar Vermelho?

Deus.

De fato, mas quem pediu a Deus para fazer isso?

Moisés.

Exatamente. E quem pediu a Mim para curar os doentes e ressuscitar os mortos?

Jesus.

Sim. Agora, você acha que o que Moisés e Jesus fizeram, você não pode *fazer?*

Mas eles não *fizeram* isso! Pediram para o *Senhor* fazer! É uma coisa diferente.

Está bem. Por enquanto vamos aceitar a sua interpretação. E você acha que não pode *Me pedir essas mesmas coisas maravilhosas?*

Suponho que sim.

E Eu as concederia?

Não sei.

Essa é a diferença entre você e Moisés! Isso é que o distingue de Jesus!

Muitas pessoas crêem que se pedirem em nome de Jesus, o Senhor atenderá a seu pedido.

Sim, muitas pessoas crêem nisso. Elas acham que não têm nenhum poder, mas viram *(ou acreditam em outras pessoas que viram) o poder de Jesus, por isso pedem em Seu nome. Embora ele tivesse dito: "Por que estão tão maravilhados? Estas, e outras coisas mais, farão também" Contudo, as pessoas não puderam acreditar nisso. Muitas não acreditam até hoje.*

Todos vocês imaginam que são indignos. Por isso pedem em nome de Jesus. Ou da Santa Virgem Maria. Ou do "santo padroeiro" disto ou daquilo. Ou do Deus Sol. Ou do espírito do Oriente. Usam o nome de qualquer um — menos o seu!

Contudo, eu lhes digo isto: pede e receberás. Procura e encontrarás. Bate à porta e ela será aberta.

Pula do prédio e voarás.

Há pessoas que levitaram. Você acredita nisso?

Bem, ouvi falar.

E pessoas que atravessaram paredes. E até mesmo deixaram seus corpos.

Sim, sim. Mas nunca *vi* alguém atravessar paredes — e não aconselho a ninguém tentar isso. E também não acho que deveríamos pular de prédios. Provavelmente não seria bom para a saúde.

Aquele homem caiu e morreu não porque não poderia ter voado se tivesse vindo do estado correto de Ser, mas porque nunca poderia ter demonstrado Divindade tentando mostrar-se diferente de vocês.

Por favor, explique.

O homem no prédio vivia em um mundo de auto-engano em que se imaginava como diferente do resto de vocês. *Declarando "Eu sou Deus", ele* começou *a sua demonstração com uma mentira. Esperou tornar-se diferente. Mais importante e poderoso.*

Esse foi um ato do ego.

O ego — o que é isolado, individual — nunca pode reproduzir ou demonstrar o que é Um.

Procurando demonstrar que era Deus, o homem no prédio demonstrou apenas o seu isolamento, não a sua união com todas as coisas. Portanto, procurou demonstrar Divindade demonstrando Ausência de Divindade — e fracassou.

Por outro lado, Jesus demonstrou Divindade demonstrando União — e vendo União e Integralidade em tudo (e em todas as pessoas) que olhava. Nisso Sua consciência e a Minha foram Uma e, nesse estado, tudo que afirmava se manifestava em sua Realidade Divina naquele Momento Sagrado.

Eu entendo. Então tudo que é preciso é "Consciência de Cristo" para realizar milagres! Bem, isso deveria tornar as coisas simples ...

Na verdade, torna. Mais simples do que imagina. E muitos tiveram essa consciência. Foram como Cristo, não apenas Jesus de Nazaré.

Você *também pode ser.*

Como?

Tentando ser. Escolhendo ser. Mas essa é uma escolha que você deve fazer diariamente, em todos os minutos. Deve tornar-se o objetivo da sua vida.

É *o objetivo da sua vida — só que você ainda não sabe disso. E, mesmo se sabe, mesmo se lembra-se do excelente motivo da sua existência, não parece saber como chegar lá partindo de onde está.*

Sim, esse é o caso. Como *posso* ir de onde estou para onde desejo estar?

Eu repito: procura e encontrarás. Bate à porta e ela será aberta.

Eu "busco" e "bato à porta" há 35 anos. Peço que o Senhor me perdoe se estou um pouco cansado disso.

Para não dizer desiludido com isso, não é? Mas realmente, embora Eu tenha de lhe dar boas notas por tentar — um "A" por esforço — não posso dizer que concordo com você quando afirma que busca e bate à porta há 35 anos.

Vamos concordar em que busca e bate à porta a intervalos — na maioria das vezes longos.

No passado, quando era muito jovem, procurava-Me apenas quando tinha problemas, quando precisava de alguma coisa. Quando ficou mais velho e amadurecido, percebeu que esse provavelmente não era um relacionamento correto *com Deus, e tentou criar algo mais significativo. Mesmo então, não foi mais do que* uma coisa ocasional.

Mais tarde ainda, quando entendeu que a união *com Deus só pode ser conseguida através da* comunhão *Comigo, adotou práticas e comportamentos que poderiam levá-lo a essa* comunhão, *mas ainda assim os adotou esporádica e inconsistentemente.*

Você meditava, realizava rituais, chamava-Me com orações e cânticos, evocava o Meu Espírito, mas apenas quando o interessava e se sentia inspirado a fazê-lo.

E, embora nessas ocasiões a sua experiência de Mim fosse gloriosa, você passava 95% da sua vida na ilusão do isolamento, e apenas alguns raros momentos dando-se conta da realidade máxima.

Você ainda acha que a sua vida se resume aos consertos de carro, às contas telefônicas, ao que espera dos relacionamentos e aos dramas *que criou, em vez de resumir-se ao criador desses dramas.*

Ainda tem de aprender por que *continua a criar seus dramas. Está ocupado demais, representando-os.*

Você diz que não compreende o significado da vida, mas não vive as suas compreensões. Diz que sabe o caminho para a comunhão com Deus, mas não o segue. Afirma que está no caminho, *mas não anda nele.*

Então vem a Mim e diz que procura e bate à porta há 35 anos.

Odeio ser quem o desilude, mas ...

É hora de você parar de se desiludir Comigo e começar a ver a si mesmo *como realmente é.*

Agora Eu lhe digo que se quer ser como Cristo, aja *como Ele,* diariamente, em todos os minutos. *(Não é que você não saiba como. Ele lhe disse.) Seja como Cristo em todas as circunstâncias. (Não é que você não possa. Ele lhe deixou* instruções.*)*

Você não está sem ajuda nisso, deveria buscá-la. Eu lhe dou orientações diariamente, em todos os minutos. Sou a voz interior baixa e serena que sabe que caminho tomar, que resposta dar, que ação realizar, que palavra dizer — que realidade criar *se você realmente procura comunhão e união Comigo.*

Apenas ouça-Me.

Acho que não sei como fazer isso.

Ah, que bobagem! Está fazendo agora! *Simplesmente faça* o tempo todo.

Eu não posso andar por aí com um bloco de papel todos os minutos do dia. Não posso parar de fazer tudo e começar a escrever bilhetes para o Senhor, esperando que me dê uma de Suas respostas brilhantes.

Obrigado. Elas são *brilhantes! E eis outra:* sim, você pode!

Quero lhe dizer, se alguém lhe dissesse que poderia ter uma Conexão direta com Deus — um elo direto, uma ligação direta, uma linha direta — e tudo que precisaria fazer era certificar-se de que tinha papel e caneta à mão o tempo todo, você faria isso?

Bem, *é claro* que sim.

Contudo, acabou de dizer que não. *Ou* "não posso"*. Então qual é o problema com você? O que está dizendo? Qual* é *a sua verdade?*

Agora a Boa Notícia é que você nem mesmo precisa *de um bloco e de uma caneta.* Eu estou sempre com você. *Não vivo na caneta.* Vivo em você.

É verdade... quero dizer, posso realmente acreditar nisso, não é?

É claro que sim. É nisso que Eu lhe pedi *para acreditar desde o início. É o que todo Mestre, inclusive Jesus, disse para você. O ensinamento mais importante. A verdade máxima.*

Eu estarei sempre com você, até o final dos tempos.

Você acredita nisso?

Sim, agora acredito. Mais do que nunca, quero dizer.

Ótimo. Então use-Me. Se funcionar para você pegar um bloco e uma caneta (e devo dizer que parece funcionar bastante bem), pegue um bloco e uma caneta. *Mais* freqüentemente. *Todos os dias. Todas as horas, se preciso. Faça o que é preciso.*

Aproxime-se de Mim. Aproxime-se de Mim! *Faça o que pode. Faça o que tem de fazer. Faça o que é preciso.*

Reze um terço, beije uma pedra. Curve o corpo voltado para o leste. Entoe um cântico. Balance um pêndulo. Exercite um músculo.

Ou escreva um livro.

Faça o que é preciso.

Todos vocês têm as suas próprias idéias. Todos Me compreenderam — Me criaram — a seu próprio modo.

Para alguns de vocês, Eu sou pura energia. Para outros, o sentimento máximo que chamam de amor. E outros ainda não têm idéia de quem Eu sou. Sabem simplesmente que EU SOU.

E assim é.

EU SOU.

Eu sou o vento que sopra em seus cabelos. Eu sou o Sol que aquece o seu corpo. Eu sou a chuva que brinca em seu rosto. Eu sou o perfume das flores no ar, e as flores que o exalam.

Eu sou o início de seu primeiro pensamento. Eu sou o final de seu último. Eu sou a idéia que surgiu em seu momento mais brilhante. Eu sou a glória de sua realização. Eu sou o sentimento por trás do seu maior ato de amor. Eu sou a parte de você que sempre anseia por esse sentimento.

Seja o que for que funcione para você — seja qual for *o ritual, a cerimônia, a demonstração, a meditação, o pensamento, o cântico, a palavra ou o ato necessários para você "restabelecer a conexão"— faça isso.*

Faça-o em Minha memória.

Capítulo 3

Então, retrocedendo e resumindo o que o Senhor está me dizendo, parece que eu cheguei a estes pontos principais:

- A vida é um processo contínuo de criação.
- Um segredo de todos os Mestres é parar de mudar de idéia; continuar a escolher a mesma coisa.
- Não aceitar um *não* como resposta.
- Nós "fazemos acontecer" o que pensamos, sentimos e dizemos.
- A vida pode ser um processo de criação ou reação.
- A alma *cria,* a mente *reage.*
- A alma compreende o que a mente não pode conceber.
- Pare de tentar descobrir o que é "melhor" para você (como pode lucrar mais, perder menos, conseguir o que quer) e comece a agir de acordo com o que parece ser Quem Você É.
- Seus sentimentos são a sua verdade. O que é melhor para você é a sua verdade.
- Pensamentos *não* são sentimentos, mas idéias de como você "deveria" se sentir. Quando os pensamentos e sentimentos se confundem, fica difícil enxergar a verdade, e ela é esquecida.
- Para voltar aos seus sentimentos, *saia da sua mente e caia em si.*
- Quando você conhecer a sua verdade, *viva-a.*

- Os sentimentos negativos não são sentimentos, mas pensamentos a respeito de alguma coisa, baseados sempre em sua experiência anterior ou na experiência de outras pessoas.
- A experiência anterior não é um indicador da verdade, porque a Verdade Pura é criada aqui e agora, não representada.
- Para mudar a sua reação a alguma coisa, permaneça no presente (isto é, no momento "presente") — o momento que lhe foi concedido e era o que era antes de você pensar nele... Em outras palavras, Esteja Aqui Agora, não no passado ou no futuro.
- O passado e o futuro só podem existir no pensamento. O Momento Presente é a Única Realidade. *Permaneça* nele!
- Procure e encontrará.
- Faça o que for preciso para manter a sua conexão com Deus/ a Divindade/a Verdade. Não deixe de lado práticas, preces, rituais, meditações, leituras, escritos, "o que quer que funcione" para você ficar em contato com Tudo Que É.

Como eu estou indo até agora?

Muito bem! Você entendeu. Mas consegue viver isso?

Vou tentar.

Ótimo.

Sim. Agora, podemos voltar ao ponto de partida? Fale-me sobre o Tempo.

Não há *um Tempo como o presente!*

Estou certo de que já ouviu isso. Mas não compreendia. Agora compreende.

Não há um tempo além deste. *Não há um momento além deste. Tudo que há é o "agora".*

E quanto a "ontem" e "amanhã"?

São produtos da sua imaginação. Construções da sua mente. Inexistem na Realidade Máxima.

Tudo que já ocorreu, está ocorrendo e ocorrerá, está acorrendo agora.

Eu não compreendo.

E não pode compreender. Não totalmente. Mas pode começar *a compreender. E tudo que é preciso aqui é uma compreensão inicial.*

Então ... apenas ouça.

O "Tempo" não é um continuum. *É um elemento de relatividade que existe verticalmente, não horizontalmente.*

Não pense nele como uma coisa "da esquerda para a direita" — a chamada linha de tempo que parte do nascimento para a morte para cada indivíduo, e de *algum ponto finito para o universo.*

O "Tempo" é uma coisa "que vai para cima e para baixo"! Pense nele como um fuso, representando o Momento Eterno do Agora.

Agora imagine folhas de papel no fuso, uma em cima da outra. Esses são os elementos do tempo. Cada elemento separado e distinto, e contudo existindo simultaneamente. *Todos os papéis no fuso de uma vez! Tanto quanto sempre haverá — tanto quanto sempre houve...*

Há apenas Um Momento — este — *o Momento Eterno do Agora.*

É agora *que tudo está acontecendo — e Eu sou glorificado. Não existe espera para a glória de Deus. Eu fiz isso assim porque* simplesmente não podia esperar! *Estava tão* feliz *em Ser Quem Sou que não podia esperar para manifestá-lo em Minha realidade. Então pronto, aqui está — aqui e agora - em sua TOTALIDADE!*

Isso não tem Início e tampouco Fim. A Totalidade de Tudo — apenas É.

Dentro do É *está a sua experiência — e o seu maior segredo. Você pode mover-se na consciência dentro do É para qualquer "tempo" ou "lugar" que escolher.*

Quer dizer que podemos viajar através do tempo?

Sim — e muitos de vocês viajaram. Na verdade, todos *vocês viajaram — e viajam rotineiramente, em geral no que chamam de seu estado de sonho. A maioria de vocês não tem consciência disso. Não pode conservá-la. Mas a energia gruda em você como cola, e às vezes há resíduo suficiente para outras pessoas — sensíveis a essa energia — dizerem coisas sobre seu "passado" ou "futuro". Elas sentem ou "lêem" esse resíduo, e você as chama de videntes ou médiuns. Às vezes há resíduo suficiente para até mesmo você, em sua consciência limitada, dizer: "Estive aqui antes." Todo o seu ser subitamente se agita com a sensação de que "tudo isso foi feito antes"!*

Déjà vu!

Sim. Ou, quando você conhece uma pessoa, aquela sensação maravilhosa de que a conhece há muito tempo — uma eternidade*!*

Essa é uma sensação espetacular. E esse é um sentimento verdadeiro. *Você conhece essa alma há uma* eternidade*!*

A eternidade é uma coisa do momento atual!

Então você freqüentemente *olhou para cima ou para baixo, de seu "pedaço de papel" no fuso, e viu todos os outros pedaços! E se viu lá — porque* uma parte Sua está em todas as partes!

Como isso é possível?

Eu lhe digo que você sempre esteve, está e estará. Nunca *houve um tempo em que não esteve — e nunca haverá.*

Mas espere! E quanto ao conceito de *almas velhas*? Algumas almas são "mais velhas do que outras"?

Nada é mais "velho" do que nada. *Eu criei TUDO DE UMA VEZ, e Tudo existe agora.*

A experiência de "mais velho" e "mais jovem" à qual você se refere tem que ver com os níveis de consciência *de uma determinada alma, ou Aspecto do Ser. Todos vocês são Aspectos do Ser, simplesmente partes Do Que É. Cada parte tem a consciência do Todo. Cada elemento leva a sua marca.*

A "consciência" é a experiência dessa consciência sendo despertada. O aspecto individual do Todo toma consciência de Si Mesmo. Torna-se literalmente consciente de si mesmo.

Então, pouco a pouco, toma consciência dos outros, e a seguir do fato de que não *há outros — esse Todo é Um.*

Finalmente toma consciência de Mim. Do meu Eu grandioso!

Puxa vida, o Senhor realmente *gosta* de Si Mesmo, não é?

Você não gosta?

Sim, sim! Acho o Senhor ótimo!

Eu concordo. E Eu acho que você *é ótimo! Esse é o único ponto em que Você e Eu discordamos.* Você não se acha ótimo!

Como posso me achar quando vejo todos os meus lados fracos e os meus erros — todas as minhas imperfeições?

Eu lhe digo que a imperfeição não *existe!*

Eu gostaria que isso fosse verdade.

E é*! Uma árvore não é menos perfeita do que uma planta nova. Uma criança pequena não é menos perfeita do que um adulto.* É a perfeição em si. *Porque não pode* fazer *ou não* conhece *uma coisa, isso não a torna de algum modo menos perfeita.*

Uma criança comete erros. Ela fica em pé. Dá os primeiros passos. Cai. Fica em pé de novo, um pouco vacilantemente, agarrada à perna da sua mãe. Isso torna a criança imperfeita?

Eu lhe digo que é justamente o oposto! Essa criança é a perfeição em si, *totalmente adorável.*

Você também é.

Mas a criança não fez nada de errado. Não desobedeceu, feriu outra pessoa ou a si mesma conscientemente.

A criança não distingue *certo de errado.*

Exatamente.

Você também não.

Mas eu *distingo*. Sei que é errado matar pessoas, e que é certo amá-las. Sei que é errado ferir e certo curar, tornar as coisas melhores. Sei que é errado roubar, usar outra pessoa, ser desonesto.

Eu poderia dar-lhe exemplos de quando essas coisas "erradas" estariam certas.

O Senhor está brincando comigo agora.

De forma alguma. Só estou sendo realista.

Se o Senhor está dizendo que há exceções a todas as regras, então eu concordo.

Se houver exceções *a uma regra, então isso não será uma* regra.

Está me dizendo que *não* é errado matar, ferir e roubar?

Depende do que você está tentando fazer.

Está bem, está bem, eu entendi. Mas isso não torna essas coisas *boas*. Às vezes é preciso fazer coisas ruins para atingir um bom fim.

O que, então, não as torna "ruins", não é? São apenas meios de atingir um fim.

Está dizendo que o fim justifica os meios?

O que você acha?

Não. Definitivamente não.

Que seja.

Não percebe o que você está fazendo aqui? Está criando as regras enquanto prossegue!

E não percebe outra coisa? Está perfeitamente certo.

É o que deveria *estar fazendo!*

Toda a vida é um processo de decidir Quem Você É, e de depois experimentá-lo.

À medida que você vai ampliando a sua visão, cria novas regras para incluir nela! À medida que vai ampliando a sua idéia sobre seu Eu, cria novos "fazer" e "não fazer", "sins" e "nãos" para incorporar nela. Esses são os limites para "conter" algo que não pode *ser contido.*

Você não pode conter a "si mesmo", porque é tão ilimitado quanto o Universo. Contudo, pode criar um conceito *sobre o seu eu ilimitado imaginando, e depois aceitando,* limites.

Em certo sentido, esse é o único modo de conhecer-se *como algo em particular.*

O que é infinito é infinito. O que é ilimitado é ilimitado. Não pode existir em alguma parte, porque está em toda parte. Se está em toda parte, não está em um lugar em particular.

Deus está em toda parte. Portanto, não está em um lugar em particular, porque para estar em um lugar em particular, teria de não estar em outro — *o que* não é possível *para Ele.*

Há apenas uma coisa que "não é possível" para Deus: não ser *Deus. Ele não pode "não ser". Tampouco pode não ser como Ele Mesmo. Não pode "perder a Sua qualidade divina".*

Eu estou em toda parte, e isso é tudo. E como estou em toda parte, não estou em um lugar em particular. E se não estou, onde estou?

AQUI, AGORA.

Eu adorei isso! O Senhor disse a mesma coisa no primeiro livro, mas eu adorei ouvir, então continue.

Você é muito gentil. E entende isso melhor agora? Percebe como criou suas idéias de "certo" e "errado" apenas para definir Quem Você É?

Percebe que sem essas definições — esses limites — você não é coisa alguma?

E percebe que, como Eu, fica mudando os limites quando muda as suas Idéias de Quem Você É?

Bem, eu entendo o que o Senhor está dizendo, mas não parece que mudei muito os limites — meus próprios limites pessoais. Para mim sempre foi errado matar, roubar e ferir outra pessoa. Os conceitos mais amplos pelos quais nos governamos existem desde o início dos tempos, e a maioria dos seres humanos os aprova.

Então por que vocês têm guerras?

Porque sempre há alguns que descumprem as regras. Há uma maçã podre em todo cesto.

O que Eu vou lhe dizer agora, e nas passagens que seguem, pode ser muito difícil de ser compreendido e aceito por algumas pessoas. Irá contra muito do que é considerado verdade em seu sistema de pensamento atual. Contudo, não posso deixá-lo continuar a ter essas idéias se for para este diálogo lhe ser útil. Então devemos, agora, neste segundo livro, examinar alguns desses conceitos imediatamente. Mas isso será um pouco assustador. Está pronto?

Acho que sim. Obrigado pelo aviso. O que o Senhor vai me dizer que é tão dramático ou difícil de compreender ou aceitar?

Eu lhe direi que não *há "maçãs podres". Só há pessoas que* discordam de seu ponto de vista a respeito das coisas, *que constroem um modelo diferente do mundo. Eu lhe direi que não existem pessoas que fazem coisas inadequadas, dados os seus modelos do mundo.*

Mas então os "modelos" delas estão totalmente confusos. *Eu* sei o que é certo e errado, e o fato de outras pessoas não saberem não *me* torna maluco. *Elas* é que são malucas!

Eu lamento dizer que é exatamente essa atitude que dá início às guerras.

Eu sei, eu sei. Fiz isso de propósito. Estava apenas repetindo o que ouvi muitas pessoas dizerem. Mas como *responder* a pessoas assim? O que *poderia* dizer?

Você poderia dizer-lhes que as idéias das pessoas de "certo" e "errado" mudam — e têm mudado — repetidamente de cultura para cultura, época para época, religião para religião, lugar para lugar... até mesmo de família para família e de pessoa para pessoa. Poderia salientar que o que muitas pessoas consideravam "certo" em uma época — como, por exemplo, queimar pessoas na fogueira pelo que era considerado bruxaria — é considerado "errado" hoje. Poderia dizer-lhes que uma definição de "certo" e "errado" é uma definição estabelecida não só pela época, como também pela simples geografia. Poderia fazê-las notar que algumas atividades em seu planeta (como, por exemplo, a prostituição) são ilegais em um lugar e legais em outro, a apenas alguns quilômetros dali. E portanto, se uma pessoa é julgada como tendo feito algo "errado", não é uma questão do que ela realmente fez, *mas de* onde fez.

Agora Eu vou repetir algo que disse no Livro I, e que sei que foi muito, muito difícil, para alguns, compreender.

Hitler foi para o Céu.

Eu não estou certo de que as pessoas estão prontas para isso.

O objetivo deste livro, e de todos os livros na trilogia que estamos criando, é criar a qualidade de estar pronto — para um novo modelo, uma nova compreensão, uma visão mais ampla e uma idéia mais nobre.

Bem, vou ter de fazer aqui as perguntas que sei que muitas pessoas estão querendo fazer. Como um homem como Hitler poderia ter ido para o Céu? Todas as religiões do mundo... eu diria que *todas*, o declararam condenado diretamente ao inferno.

Em primeiro lugar, ele não poderia ter ido para o inferno porque o inferno não existe. Portanto, só resta um lugar para o qual poderia *ter ido. Mas essa não é a questão. A verdadeira questão é se os atos de Hitler foram "errados". Contudo, Eu disse repetidamente que não há "certo" ou "errado" no Universo. Uma coisa não é intrinsecamente certa ou errada. Simplesmente é.*

A sua idéia de que Hitler foi um monstro se baseia no fato de que ele ordenou a morte de milhões de pessoas, correto?

Obviamente, sim.

E se Eu lhe dissesse que o que chama de "morte" é a melhor coisa que poderia acontecer a alguém?

Eu acharia difícil aceitar isso.

Você acha que a vida na Terra é melhor do que a vida no Céu? Eu lhe digo que, no momento da sua morte, você sentirá a maior liberdade, a maior paz, a maior alegria e o maior amor que já sentiu. Portanto deveríamos punir a raposa por atirar o coelho no canteiro?

O Senhor está ignorando o fato de que, não importa o quanto a vida após a morte possa ser maravilhosa, nossas vidas terrenas não deveriam ser abreviadas contra a nossa vontade. Viemos aqui para conseguir, experimentar e aprender algo, e não é certo nossas vidas nos serem tiradas por um maníaco com idéias insanas.

Em primeiro lugar, você não *está aqui para aprender algo. (Releia o Livro I!) A vida não é uma escola, e seu objetivo aqui não é aprender; é "re-lembrar". E em geral, a vida é "abreviada" por muitas coisas... um furacão, um terremoto...*

Isso é diferente. O Senhor está falando sobre um Ato de Deus.

Todo *evento é um Ato de Deus.*

Você imagina que um evento poderia ocorrer se Eu não quisesse? Acha que poderia erguer o seu dedo mindinho se Eu escolhesse que não o ergueria? Você não pode fazer nada *a que eu me oponha.*

Contudo, vamos continuar a examinar juntos essa idéia de morte "injusta". É "errado" uma vida ser abreviada por doença?

"Errado" não é uma palavra que se aplica aqui. Essas são causas naturais. Não é o mesmo que um ser humano como Hitler assassinar pessoas.

E quanto a um acidente? Um estúpido acidente?

É a mesma coisa. É uma infelicidade, uma tragédia, mas é a Vontade de Deus. Nós não podemos examinar a mente de Deus e descobrir por que essas coisas acontecem. Não devemos tentar, porque a Vontade de Deus é imutável e incompreensível. Tentar desvendar o Mistério Divino é ansiar por conhecimento além do nosso alcance. É pecaminoso.

Como você sabe?

Porque se Deus quisesse que nós compreendêssemos tudo, *compreenderíamos.* O fato de que *não* compreendemos — *não podemos* compreender — é prova de que essa é a *vontade* de Deus.

Eu entendo. O fato de que você não compreende *isso é prova da Vontade de Deus. O fato de que isso* acontece não *é prova da Vontade de Deus. Hmmmm...*

Eu acho que eu não sou muito bom em explicar algumas dessas coisas, mas sei em que acredito.

Você acredita na Vontade de Deus, e em que Ele é Todo-poderoso?

Sim.

Exceto no que diz respeito a Hitler. O que aconteceu lá não *foi a Vontade de Deus.*

Não.

Como isso é possível?

Hitler contrariou a Vontade de Deus.

Como você acha que ele poderia contrariá-la se a Minha Vontade é toda poderosa?

O Senhor lhe permitiu contrariá-la.

Se eu lhe permiti *contrariá-la, então essa foi a Minha Vontade.*

Pareceria ser assim ... mas que *motivo* o Senhor teria? Não. Foi a Sua Vontade ele ter Livre-arbítrio. Foi a vontade *dele* fazer o que fez.

Você está chegando perto no que diz respeito a isso. Muito perto.

É claro que está certo. Foi a Minha Vontade que Hitler tivesse Livre-arbítrio — e que todos *vocês o tivessem. Mas* não *é a Minha Vontade que sejam eternamente punidos se não fizerem a escolha que Eu quero que façam. Se esse fosse o caso, o quão "livre" Eu teria tornado o* seu *arbítrio? Vocês são realmente livres para fazer o que querem se sabem que sofrerão indescritivelmente se não fizerem o que* Eu *quero? Que tipo de arbítrio é esse?*

Isso não é uma questão de punição. É apenas uma Lei Natural, uma questão de conseqüências.

Estou vendo que você aprendeu bem as lições teológicas que lhe permitem Me considerar um Deus vingativo — sem Me tornar responsável por isso.

Mas quem criou *essas Leis Naturais? E se nós pudéssemos concordar em que Eu as criei, por que as criaria — e depois lhe daria o poder de descumpri-las?*

Se Eu não quisesse que você fosse afetado por elas — se fosse a Minha Vontade que os Meus seres maravilhosos nunca sofressem — por que criaria a possibilidade *de isso ocorrer?*

E então por que Eu continuaria a tentá-los, dia e noite, a descumprir as leis que criei?

O Senhor não nos tenta. Quem nos tenta é o demônio.

Lá vem você outra vez, eximindo-Me de responsabilidades.

Não percebe que o único modo de poder explicar a sua teologia é Me considerar sem poderes? Que o único modo de as suas explicações fazerem sentido é as Minhas não *fazerem?*

Você realmente se sente bem com a idéia de um Deus que cria um ser cujos atos não pode controlar?

Eu não disse que o Senhor não pode controlar o demônio. Pode controlar *tudo*. É *Deus*! Apenas *escolhe* não controlar. *Permite* que o demônio nos tente, procure conquistar as nossas almas.

Mas por quê? *Por que Eu* faria *isso se* desejo *que vocês retornem para Mim?*

Porque o Senhor quer que retornemos para o Senhor por vontade própria, não porque não há outra escolha. Criou o Céu e o Inferno para poder haver uma escolha. Então poderíamos agir de acordo com a nossa vontade, não simplesmente seguir um caminho porque não há outro.

Posso ver como você chegou a essa conclusão. Foi assim que Eu apresentei isso em seu mundo, e então acha que é como deve ser no Meu.

Em sua realidade, o Bem não pode existir sem o Mal. Então você acredita que deve ser o mesmo na Minha.

Contudo, Eu lhe digo que não há "mal" onde Eu Sou. E não existe Demônio. Existe apenas a Totalidade de Tudo. A unicidade. E a Consciência, a Experiência, disso.

Minha esfera é a Esfera do Absoluto, na qual Uma Coisa não existe em relação a Outra, mas independente de tudo.

Meu lugar é o lugar onde Tudo Que Existe é Amor.

E nada que pensamos, dizemos ou fazemos na Terra tem conseqüências?

Ah, sim. *Olhe ao seu redor.*

Eu quero dizer após a morte.

Não existe "morte". A vida continua eternamente. A vida É. Você simplesmente muda de forma.

Está bem, que seja — depois que "mudamos de forma".

Depois que vocês mudam de forma, as conseqüências deixam de existir. Existe apenas Conhecimento.

As conseqüências são um elemento da relatividade. Não têm lugar no Absoluto porque dependem do "tempo" linear e de eventos contínuos. Inexistem na Esfera do Absoluto.

Nessa esfera só há paz, alegria e amor.

Nela você finalmente tomará conhecimento das Boas Notícias: de que o seu "demônio" não existe, de que você é quem sempre pensou que era — bondade e amor. Sua idéia de que poderia ser algo mais veio de um mundo exterior insano, fazendo-o agir insanamente. Um mundo exterior de julgamento e condenação. Outras pessoas o julgaram, e a partir de seus julgamentos, você julgou a si mesmo.

Agora você quer que Deus o julgue, e Eu não o julgarei.

E como você não consegue compreender um Deus que não age como os seres humanos agiriam, sente-se perdido.

Sua teologia é sua tentativa de reencontrar-se.

O Senhor diz que as nossas teologias são insanas — mas como pode uma teologia funcionar sem um sistema de Recompensa e Punição?

Tudo depende do que você considera o objetivo da vida — e portanto da base da teologia.

Se você acha que a vida existe como um teste, um período para pôr à prova as suas qualidades, verificar se você é "digno", suas teologias começam a fazer sentido.

Se você acha que a vida existe como uma oportunidade, *um processo através do qual você descobre — relembra — que é digno (e* sempre *foi), suas teologias parecem insanas.*

Se você acha que Deus é egocêntrico, exige atenção, adoração, gratidão e afeição — e o matará para consegui-lo — *suas teologias começam a ser compreensíveis.*

Se você acha que Deus existe sem ego ou necessidades, mas é a fonte *de todas as coisas, o centro de toda sabedoria e amor, suas teologias se desmoronam.*

Se você acha que Deus é vingativo, ciumento em Seu amor e colérico em Sua raiva, então suas teologias são perfeitas.

Se você acha que Deus é pacífico, alegre em Seu amor e apaixonado em Seu êxtase, então suas teologias são inúteis.

Eu lhe digo que o objetivo da vida não é agradar a Deus. É saber, recriar, Quem Você É.

Ao fazer isso você realmente *agrada a Deus, e também glorifica a Ela.*

Por que diz "ela"? O Senhor é feminino?

Eu não sou "ele" ou "ela". Ocasionalmente uso o pronome feminino para tirá-lo de seu pensamento paroquial.

Se você achar que Deus é uma coisa, então achará que é outra. E isso seria um grande erro.

Hitler foi para o Céu por esses motivos:

Não existe Inferno, portanto não há outro lugar para ele ir.

Seus atos foram o que você chamaria de erros — os atos de um ser não evoluído — e os erros não são puníveis com condenação, mas corrigíveis com uma chance de evolução.

Os erros que Hitler cometeu não prejudicaram aqueles cujas mortes ele causou. Essas almas foram libertas de seu cativeiro terreno, como borboletas que saem de um casulo.

As pessoas que foram deixadas para trás lamentam suas mortes apenas porque não sabem da alegria que essas almas tiveram. Quem já experimentou a morte nunca lamenta a morte de outra pessoa.

Sua afirmação de que suas mortes foram prematuras, e portanto de algum modo "erradas", sugere que algo poderia acontecer no Universo quando não deveria. *Contudo, dado Quem e O Que Eu Sou, isso é impossível.*

Tudo que ocorre no Universo ocorre perfeitamente. Deus não cometeu um só erro em um espaço de tempo muito longo.

Quando você vê a perfeição total em tudo — não apenas nas coisas com que concorda, mas (e talvez especialmente) nas de que discorda — atinge a mestria.

É claro que eu sei de tudo isso, que foi visto no Livro I. Mas achei que era importante para aqueles que não o leram ter uma base para compreensão no início deste livro. É por esse motivo que eu O levei a essa série de perguntas e respostas. Mas agora, antes de continuarmos, gostaria de falar apenas um pouco mais sobre algumas das teologias muito complexas que nós, seres humanos, criamos. Por exemplo, na minha infância, aprendi que era um pecador, que todos os seres humanos eram pecadores, que não podíamos evitá-lo; havíamos nascido assim — *em pecado.*

Esse é um conceito interessante. Como alguém o fez acreditar nisso?

Eles nos contaram a história de Adão e Eva. Disseram-nos nos catecismos da 4ª, 5ª e 6ª séries que... bem... talvez *nós* não tivéssemos pecado, e certamente os *bebês* não pecaram, mas Adão e Eva *pecaram*, e nós somos os seus descendentes. Por isso, herdamos a sua culpa, assim como as suas naturezas pecadoras.

Veja bem, Adão e Eva comeram do fruto proibido — partilharam o conhecimento do Bem e do Mal — e portanto condenaram todos os seus herdeiros e descendentes à separação de Deus no nascimento. Todos nós nascemos com esse "Pecado Original" em nossas almas. Todos somos culpados. Creio que nos foi concedido o Livre-arbítrio para ver se faremos como Adão e Eva e desobedeceremos a Deus, ou se poderemos superar a nossa tendência natural e herdada a "errar", e fazer as coisas certas, em vez de ceder às tentações do mundo.

E se vocês "errarem"?

O Senhor nos mandará para o Inferno.

Mandarei.

Sim. A menos que nos arrependamos.

Entendo.

Se dissermos que nos arrependemos — realizarmos um Perfeito Ato de Contrição — o Senhor nos salvará do Inferno — mas não de *todo* o sofrimento. Ainda teremos de ir para o Purgatório durante um período, para nos purificarmos de nossos pecados.

Quanto tempo vocês terão de ficar no "Purgatório"?

Depende. Nós temos de ter os nossos pecados extintos pelo fogo. Posso lhe dizer que isso não é muito agradável. E quanto mais pecados tivermos, mais tempo demorará para extingui-los — mais tempo ficaremos lá. Foi isso que me disseram.

Eu compreendo.

Mas pelo menos nós não iremos para o Inferno, que é eterno. Por outro lado, se morrermos em pecado mortal, iremos *diretamente* para lá.

Pecado mortal?

O oposto de pecado venial. Se morrermos com um pecado venial em nossa alma, iremos apenas para o Purgatório. O pecado mortal nos manda diretamente para o Inferno.

Você pode me dar um exemplo dessas várias categorias de pecados das quais lhe falaram?

É claro. Os pecados mortais são sérios. Como Grandes Crimes. Delitos Teológicos Graves. Coisas como assassinato, estupro, roubo. Os pecados veniais são um pouco menos importantes. Delitos Teológicos Leves. Um pecado venial seria faltar à missa em um domingo. Ou, antigamente, comer carne em uma sexta-feira.

Espere um minuto! Esse seu Deus o mandaria para o Purgatório se você comesse carne em uma sexta-feira?

Sim. Mas não manda mais. Desde o início da década de 1960. Mas se comêssemos carne em uma sexta-feira *antes* do início da década de 1960, ai de nós!

É mesmo?

Sim.

Bem, o que aconteceu no início da década de 1960 que fez isso deixar de ser um "pecado"?

O Papa disse que não era mais um pecado.

Eu entendo. E esse seu Deus o obriga *a ir à Igreja aos domingos? Sob pena de ser punido?*

Não ir à missa é um pecado, sim. E se não confessado — se você morrer com esse pecado em sua alma — terá de ir para o Purgatório.

Mas — e quanto a uma criança? Uma criancinha inocente que não conhece essas "regras" pelas quais Deus ama?

Bem, se uma criança morrer antes de ser batizada na fé, vai para o Limbo.

Para onde?

O Limbo. Esse não é um lugar de punição, mas também não é o Céu. É ... bem ... o *Limbo*. Lá você não pode ficar com Deus, mas pelo menos não tem de "ir para o Inferno".

Mas por que essa bela e inocente criança não poderia ficar com Deus? Ela não fez nada de errado ...

Isso é verdade, mas a criança não foi batizada. Não importa o quanto os bebês são perfeitos e inocentes — ou o são as pessoas — eles têm de ser batizados para ir para o Céu. Caso contrário, Deus não pode aceitá-los. É por isso que é importante batizar rapidamente os filhos, logo após o nascimento.

Quem lhe disse isso tudo?

Deus. Através da Sua Igreja.

Que Igreja?

A Santa Igreja Católica Apostólica Romana, é claro. Essa é a Igreja de Deus. De fato, se você é católico e freqüenta *outra* Igreja, isso também é um pecado.

Eu pensei que era um pecado não *ir à Igreja!*

E é. Também é um pecado ir à Igreja *errada.*

O que é uma Igreja "errada"?

Qualquer Igreja que não seja Católica Romana. Você não pode ser batizado ou casar-se na Igreja errada — nem mesmo pode *freqüentá-la.* Eu sei disso porque quando era jovem quis ir com meus pais ao casamento de um amigo — na verdade fui convidado a conduzir os convidados a seus lugares — mas as freiras me disseram que não deveria aceitar o convite porque aquela era a *Igreja errada.*

Você lhes obedeceu?

Às freiras? Não. Imaginei que Deus — o Senhor — estaria na outra Igreja com a mesma boa vontade com que estaria na minha, e então fui. Fiquei em pé no altar com o meu *smoking* e me senti bem.

Ótimo. Bem, agora vamos ver, temos o Céu, o Inferno, o Purgatório, o Limbo, o pecado mortal e o venial — falta alguma coisa?

Bem, há a confirmação, a comunhão, a confissão, o exorcismo e a Extrema-Unção. Há...

Já chega.

Os Santos Padroeiros e os Dias Santos de Obrigação.

Todos os dias são santos. Todos os minutos *são sagrados.* Este é o Instante Sagrado.

Bem, sim, mas alguns dias são *realmente* santos — os Dias Santos de Obrigação — e nesses dias também temos de ir à Igreja.

Aqui vamos nós com os "temos" novamente. E o que acontece se vocês não forem?

É um pecado.

Então vocês vão para o Inferno.

Bem, você vai para o Purgatório se morrer com esse pecado em sua alma. Por isso é bom confessar-se. Na verdade, o mais freqüentemente possível. Algumas pessoas se confessam todas as semanas. Outras até mesmo todos os dias. Assim podem purificar-se — manter-se puras para o caso de morrerem...

Puxa vida, você fala sobre viver com um medo constante.

Sim, veja bem, esse é o objetivo da religião — incutir em nós o temor a Deus. Então faremos as coisas direito e resistiremos às tentações.

Hmmm... Mas e se você cometer um "pecado" entre as confissões, e depois morrer em um acidente ou de alguma outra forma?

Não tem problema. É só não entrar em pânico e fazer um Perfeito Ato de Contrição. "Ah, meu Deus, lamento sinceramente ter ofendido a Vós..."

Está bem, está bem — chega.

Mas espere. Essa é apenas uma das religiões do mundo. O Senhor não quer examinar algumas das outras?

Não, já pintei o quadro.

Bem, espero que as pessoas não achem que estou simplesmente ridicularizando as suas crenças.

Você não está ridicularizando ninguém, apenas dizendo quais são essas crenças. É como o seu presidente americano Harry Truman costumava dizer. "Acaba com eles, Harry!" gritavam as pessoas, e Harry dizia: "Eu não acabo com eles. Apenas cito-os diretamente, e isso parece terrível."

Capítulo 4

Meu caro, realmente nos distraímos aqui. Começamos a falar sobre o Tempo e terminamos falando sobre religião.

Sim, bem, é assim que é falar com Deus. É difícil manter o diálogo limitado.

Deixe-me ver se eu posso resumir o que o Senhor disse no capítulo 3:

- Não existe outro tempo além *deste*; não existe outro momento além *deste.*
- O tempo não é um *continuum.* É um aspecto da Relatividade que existe vertical, não horizontalmente, com "momentos" ou "eventos" colocados uns em cima dos outros, ocorrendo ao mesmo "tempo".
- Nós viajamos entre realidades nessa esfera de tempo — ausência de tempo — o tempo todo, em geral em nosso sono. *Déjà vu* é um modo de nos tornarmos conscientes disso.
- Nunca houve um tempo em que "não" estivemos — e nem haverá.
- O conceito de "Idade", no que diz respeito às almas, está relacionado com os níveis de consciência, não com o período de "tempo".

- Não existe mal.
- Nós somos Perfeitos, do modo como somos.
- "Errado" é uma conceitualização da mente, baseada na Experiência Relativa.
- Nós criamos as regras ao seguirmos em frente, mudando-as para se adaptarem à nossa Realidade Atual, e isso está perfeitamente certo. É como deveria e *deve* ser, para sermos seres em evolução.
- Hitler foi para o Céu (!)
- Tudo que acontece é a Vontade de Deus — *tudo*. Isso inclui não só furacões, tornados e terremotos, como também Hitler. O segredo da compreensão é conhecer o *Objetivo* por trás de todos os eventos.
- Não há "punições" após a morte, e todas as conseqüências existem apenas na Experiência Relativa, não na Esfera do Absoluto.
- As teologias humanas são a tentativa insana da humanidade de explicar um Deus insano que não existe.
- O único modo de as teologias humanas fazerem sentido é aceitarmos um Deus que não faz o menor sentido.

Que tal? Outro bom resumo?

Excelente.

Ótimo. Porque agora eu tenho um milhão de perguntas. As afirmações 10 e 11, por exemplo, precisam ser melhor esclarecidas. *Por que* Hitler foi para o Céu? (Eu sei que o Senhor acabou de tentar explicar isso, mas eu preciso de mais explicações.) Qual *é* o objetivo por trás de todos os eventos? E como esse Objetivo Maior se relaciona com Hitler e outros déspotas?

Primeiro vamos ao Objetivo.

Todos os eventos e todas as experiências visam criar oportunidades. *Os eventos e as experiências são Oportunidades. Nada mais nada menos do que isso.*

Seria um erro julgar essas coisas como "obras do demônio", "castigos de Deus", "recompensas do Céu" ou algo no gênero. São simplesmente Eventos e Experiências — coisas que acontecem.

É o que pensamos *e* fazemos *a seu respeito que lhes dá significado.*

Os eventos e as experiências são oportunidades trazidas para você — criadas por *você individual ou coletivamente, através da consciência. A consciência cria a experiência. Você está tentando elevar a sua consciência. Traz essas oportunidades para si mesmo para poder usá-las como ferramentas para criar e experimentar Quem É. Quem É é um ser com mais consciência do que você agora está demonstrando.*

Como é a Minha Vontade que você saiba e experimente Quem É, Eu lhe permito atrair para si mesmo quaisquer eventos ou experiências que escolher criar para fazer isso.

De vez em quando, outros Jogadores do Jogo Universal se unem a você — como Breves Encontros, Participantes Externos, Companheiros de Equipe Temporários, Influências Recíprocas Duradouras, Pessoas Muito Queridas ou Parceiros no Caminho da Vida.

Essas almas são trazidas para você por *você. Essa é uma experiência mutuamente criativa, que expressa as escolhas e os desejos das duas partes.*

Ninguém vai a você acidentalmente.

A coincidência não existe.

Nada ocorre por acaso.

A vida não é um produto da casualidade.

Os eventos, como as pessoas, são trazidos para você, por você, para os seus próprios objetivos. As experiências planetárias mais amplas e os acontecimentos são o resultado da consciência de grupo. São trazidos para o seu grupo como um todo, como um resultado das escolhas e dos desejos do grupo como um todo.

O que o Senhor quer dizer com o termo "seu grupo"?

A consciência de grupo *é algo que não é totalmente compreendido. Contudo, é muito poderosa e pode, se não se tomar cuidado, superar a consciência individual. Por isso, você deve sempre tentar criar a consciência de grupo onde quer que vá, e com qualquer coisa que fizer, se desejar que a sua experiência de vida mais ampla no planeta seja harmoniosa.*

Se você está em um grupo cuja consciência não reflete a sua, e neste momento é incapaz de mudá-la efetivamente, é melhor deixar o grupo, ou ele o conduzirá onde deseja ir, não importa onde você deseja ir.

Se você não puder encontrar um grupo cuja consciência combina com a sua, seja a origem *de um. Outros de consciência parecida serão trazidos para você.*

Os indivíduos e os grupos menores devem afetar grupos maiores — e, em última análise, o grupo maior de todos, que é TODA a humanidade — para que haja uma mudança permanente e significativa em seu planeta.

Seu mundo, e a condição em que ele está, é um reflexo da consciência total e combinada de todos que nele vivem.

Como você pode ver olhando ao seu redor, resta muito trabalho a fazer. A menos, é claro, que esteja satisfeito com o seu mundo como é.

Surpreendentemente, a maioria *das pessoas está. É por isso que o mundo não muda.*

A maioria das pessoas está satisfeita com um mundo no qual as diferenças, não as semelhanças, são exaltadas, e as divergências são resolvidas com conflitos e guerras.

A maioria das pessoas está *satisfeita com um mundo no qual a sobrevivência é para os mais aptos, o "prestígio é o que conta", a competição é necessária e o sucesso é considerado o bem maior.*

Se esse sistema também produz "perdedores", isso não importa — desde que você não esteja entre eles.

A maioria das pessoas está *satisfeita, embora esse modelo produza pessoas que são freqüentemente mortas quando são julgadas "erradas", passam fome e ficam desabrigadas quando são "perdedoras", oprimidas e exploradas quando não são "fortes".*

A maioria das pessoas define "errado" como o que é diferente delas. As diferenças religiosas, em particular, não são toleradas, e tampouco o são as sociais, econômicas ou culturais.

A exploração da classe social inferior é justificada com declarações da classe superior de como suas vítimas estão melhor agora do que estavam antes dessas explorações. Assim a classe superior pode ignorar a questão de como todas as pessoas deveriam *ser tratadas para ser feita a verdadeira* justiça, *em vez de apenas tornar uma situação terrível um pouco melhor — e obter um lucro desonesto com isso.*

A maioria das pessoas ri *quando alguém sugere um tipo de sistema diferente do que está em vigor, dizendo que comportamentos como competir, matar e "o vencedor ficar com o produto da pilhagem" são o que torna a sua civilização* poderosa! *A maioria das pessoas até mesmo acha que não há outro modo natural de* ser, *que é da* natureza *humana comportar-se assim, e que agir de outro modo mataria o espírito interior que leva o homem a ser bem-sucedido. (Ninguém faz a pergunta: "Ser bem-sucedido* em quê?*")*

Difícil como é para os seres realmente iluminados compreender, quase todas as pessoas em seu planeta acreditam nessa filosofia, e é por isso que elas não se importam *com as massas sofredoras, a opressão das minorias, o ódio da classe inferior ou as necessidades de* sobrevivência *de ninguém além de si mesmas e de suas famílias próximas.*

A maioria das pessoas não percebe que está destruindo seu planeta — o que lhes dá a Vida *— porque seus atos visam a apenas melhorar a sua qualidade de vida. Surpreendentemente, essas pessoas não são sagazes o bastante para perceber que os lucros a curto prazo podem produzir a longo prazo, o que com freqüência ocorre.*

A maioria das pessoas é ameaçada *pela consciência de grupo, um conceito como o bem coletivo, uma visão geral de um só mundo, ou um Deus que existe em harmonia com toda a criação, em vez de separado dela.*

Esse medo de tudo que leva à unificação e à glorificação de seu planeta chamado Tudo Que Separa produz divisão, desarmonia e discórdia — e contudo vocês não parecem ter a capacidade de ao menos aprender com as suas próprias experiências, e por isso continuam a ter esses comportamentos, com os mesmos resultados.

A incapacidade de experimentar o sofrimento do próximo como o seu próprio é o que permite que esse sofrimento continue.

A separação gera a indiferença, a falsa superioridade. A união produz a compaixão, a verdadeira igualdade.

Os eventos que ocorrem regularmente em seu planeta há 3 mil anos são, como Eu disse, um reflexo da Consciência Coletiva de "seu grupo" — todo o grupo de seu planeta.

Esse nível de consciência poderia ser descrito melhor como primitivo.

Hmmm. Sim. Mas parece que nós nos afastamos aqui do assunto original.

Não realmente. Você perguntou sobre Hitler. A Experiência de Hitler tornou-se possível como um resultado da consciência de grupo. Muitas pessoas querem dizer que Hitler manipulou um grupo — nesse caso, de seus conterrâneos — com a sua astúcia e o seu dom para a oratória. Mas isso põe convenientemente toda a culpa nele — que é exatamente o que a maior parte das pessoas deseja.

Mas Hitler não poderia ter feito coisa alguma sem a cooperação, o apoio e a submissão voluntária de milhões de pessoas. O subgrupo que se chamou de alemães deve assumir uma enorme quantidade de responsabilidade pelo Holocausto. Como deve, até certo ponto, o grupo maior chamado de humanos que, se não fez nada mais, permitiu-se permanecer indiferente ao sofrimento na Alemanha até ele atingir uma escala tão grande que até mesmo os isolacionistas mais insensíveis não puderam mais ignorá-lo.

Veja bem, foi a consciência coletiva *que forneceu um solo fértil para o crescimento do movimento nazista. Hitler aproveitou o momento, mas não o criou.*

É importante aprender *a lição aqui. Uma consciência de grupo que fala constantemente em separação e superioridade produz perda de compaixão em uma grande escala, e a perda da compaixão é inevitavelmente seguida de perda de consciência.*

Um conceito coletivo com raízes no rígido nacionalismo ignora a situação angustiosa de outros seres humanos e, contudo, torna todas as outras pessoas responsáveis pela sua, *justificando assim a retaliação, a "retificação" e a guerra.*

Auschwitz foi a solução nazista para — uma tentativa de "retificar" — o "Problema Judeu".

O horror da Experiência de Hitler não foi ele tê-la perpetrado na raça humana, mas a raça humana ter-lhe permitido fazer isso.

O surpreendente não é apenas ter surgido um Hitler, mas também o fato de muitos outros o terem seguido.

O vergonhoso não é apenas Hitler ter morto milhões de judeus, mas também o fato de milhões de judeus terem *de ser mortos antes de ele ser impedido de continuar.*

O objetivo da Experiência de Hitler foi mostrar a humanidade para si mesma.

Ao longo de toda a história, vocês tiveram mestres notáveis, cada qual apresentando oportunidades extraordinárias de se lembrarem de Quem Realmente São. Esses mestres lhes mostraram o que há de mais nobre e desprezível no potencial humano.

Eles apresentaram exemplos vívidos e de tirar o fôlego do que pode significar ser humano — de até onde é possível ir com a experiência, de onde todos vocês podem ir e irão, de acordo com as suas consciências.

É preciso lembrar que a consciência é tudo, e cria a sua experiência. A consciência de grupo é poderosa e produz resultados de beleza ou feiúra indescritíveis. A escolha é sempre sua.

Se você não está satisfeito com a consciência de seu grupo, tente mudá-la.

O melhor modo de mudá-la é por meio do seu exemplo.

Se o seu exemplo não for suficiente, forme o seu próprio grupo — seja a origem *da consciência que deseja que os outros experimentem. Eles a* experimentarão — *quando você a experimentar.*

Você *é o início. De tudo. De todas as coisas.*

Quer que o mundo mude? Mude as coisas em seu próprio mundo.

Hitler lhe deu uma ótima oportunidade de fazer isso. A Experiência de Hitler — como a Experiência de Cristo — é profunda em suas implicações e nas verdades que lhe revelou sobre você. *Contudo, essa consciência maior existe — no caso de Hitler, Buda, Genghis Kahn, Hare Krishna, Átila o Huno ou Jesus Cristo — apenas enquanto as suas lembranças deles existem.*

É por isso que os judeus erguem monumentos ao Holocausto e lhes pedem para que nunca o esqueçam. Porque há um pouco de Hitler em todos vocês — em maior ou menor grau.

Pôr fim a um povo é pôr fim a um povo, seja em Auschwitz ou Wounded Knee.

Então Hitler nos foi enviado para nos ensinar uma lição sobre os horrores que o homem pode cometer, os níveis até onde pode descer?

Hitler não foi enviado para vocês. Foi criado por *vocês. Ele surgiu da sua Consciência Coletiva, e não poderia ter existido sem ela.* Essa *é a lição.*

A consciência da separação, da segregação e da superioridade — de "nós" versus *"eles", de "nós"* e *"eles" — é o que cria a Experiência de Hitler.*

A consciência da Irmandade Divina, da união, da Unicidade, de "nosso" em vez de "seu"/"meu" é o que cria a Experiência de Cristo.

Quando o sofrimento é "nosso", não apenas "seu", a alegria é "nossa", não apenas "minha", a experiência de toda a vida *é nossa, então afinal é realmente isso — a experiência de Toda a Vida.*

Por que Hitler foi para o Céu?

Porque não fez nada de "errado". Simplesmente fez o que fez. Eu o lembro novamente de que durante muitos anos milhões acharam que ele estava "certo". Como então ele podia pensar de outra maneira?

Se você tem uma idéia maluca, e dez milhões de pessoas a aceitam, pode achar que não está tão maluco.

O mundo decidiu — finalmente — que Hitler estava "errado". Isso significa que as pessoas do mundo reavaliaram Quem São, e Quem Desejam Ser, em relação à experiência de Hitler.

Ele criou um padrão! Estabeleceu um parâmetro, um limite de acordo com o qual podíamos avaliar e restringir as nossas idéias sobre nós mesmos. Cristo fez a mesma coisa, na outra ponta do espectro.

Houve outros Cristos e outros Hitlers. E haverá novamente. Então fique sempre alerta. Porque as pessoas de consciência elevada e pouco desenvolvida andam entre vocês — até mesmo quando vocês *andam entre outras pessoas. Que consciência você leva consigo?*

Eu ainda não compreendo como Hitler pode ter ido para o Céu. Como pode ter sido *recompensado* pelo que fez?

Em primeiro lugar, entenda que a morte não é um fim, mas um início; não um horror, mas uma alegria. Não é um encerramento, mas um prelúdio.

O momento mais feliz da sua vida será aquele em que ela terminar.

É por isso que a vida não *termina, mas apenas continua de modos tão magníficos, cheios de paz, sabedoria e felicidade que é difícil descrever e impossível para você compreender.*

Então a primeira coisa que você precisa entender — como Eu já expliquei — é que Hitler não fez mal a ninguém. Em certo sentido, não infligiu *sofrimento, pôs fim a ele.*

Buda disse: "A vida é sofrimento." Ele estava certo.

Mas mesmo se eu aceitar isso — Hitler não *sabia* que na realidade estava fazendo o *bem*. Achava que estava fazendo o *mal*!

Não, ele não achava que estava fazendo o "mal". Na verdade, achava que estava ajudando o seu povo. E é isso que você não compreende.

Ninguém faz nada *"errado", dado o seu modelo do mundo. Se você acha que Hitler agiu insanamente e durante esse tempo todo* sabia *que era insano, então não entende nada da complexidade da experiência humana.*

Hitler achou que estava fazendo o bem para o seu povo. E seu povo achou isso também! Essa foi a insanidade da coisa! *A maior parte da nação* concordou com ele!

Você disse que Hitler estava "errado". Ótimo. Por esse critério passou a definir-se, saber mais sobre si mesmo. Mas não condene Hitler por mostrar-lhe *isso.*

Alguém tinha de fazê-lo.

Você só pode conhecer o frio se houver o quente, a parte de cima se houver a de baixo, a esquerda se houver a direita. Não condene uma coisa e bendiga a outra. Fazer isso é não compreender.

Durante séculos, as pessoas condenaram Adão e Eva. Dizem que eles cometeram o Pecado Original. Eu lhe digo que foi a Bênção Original. Porque, sem esse evento, o partilhar do conhecimento do bem e do mal, vocês nem mesmo saberiam que as duas possibilidades existiam! De fato, antes da chamada Ruína de Adão, elas não *existiam. Não havia o "mal". Tudo existia em um estado de constante perfeição. Aquilo era, literalmente, o paraíso. Contudo vocês não sabiam disso — não podiam experimentá-lo como perfeição — porque não* conheciam outra coisa.

Devem então condenar Adão e Eva, ou ser gratos a eles?

E o que, digam, Eu devo fazer com Hitler?

Eu lhes digo que o amor, a compaixão, a sabedoria, o perdão, a intenção e o objetivo *de Deus são amplos o suficiente para incluir o crime mais hediondo e o pior criminoso.*

Você pode não concordar Comigo, mas não importa. Acabou de aprender o que veio aqui para descobrir.

Capítulo 5

No primeiro livro, o Senhor prometeu explicar no Livro II uma longa lista de coisas mais amplas — como o tempo e o espaço, o amor e a guerra, o bem e o mal, e considerações geopolíticas planetárias da ordem mais elevada. Também prometeu explicar mais detalhadamente a experiência humana do sexo.

Sim, Eu prometi tudo isso.

O Livro I tratou de dúvidas mais pessoais; de sua vida como indivíduo. O Livro II trata de sua vida coletiva no planeta. O Livro III conclui a Trilogia com as maiores verdades: a cosmologia, todo o quadro, a jornada da alma. Juntos eles contêm Meus melhores conselhos atuais e Minhas informações sobre tudo, de amarrar os seus sapatos a compreender o seu universo.

O Senhor disse tudo que tinha a dizer sobre o tempo?

Disse tudo que você precisava saber.

Não há um tempo. Todas as coisas existem simultaneamente. Todos os eventos ocorrem de uma vez.

Este Livro está sendo escrito, e enquanto isso já está escrito; já existe. De fato, é onde você está obtendo todas estas informações — no livro que já existe. Está meramente dando-lhe forma.

É o que significa: "Antes mesmo de pedirem, Eu já terei concedido."

Todas essas informações sobre o Tempo parecem... bem interessantes, mas um tanto esotéricas. Podem ser aplicadas à vida real?

Uma verdadeira compreensão do tempo lhe permite viver muito mais em paz dentro da sua realidade de relatividade, em que o tempo é experimentado como um movimento, um fluxo, em vez de uma constante.

É você *que se move, não o tempo. O tempo* não *tem movimento. Há apenas Um Momento.*

Em algum nível você compreende muito bem isso. É por esse motivo que quando algo realmente magnífico ou significativo ocorre em sua vida, freqüentemente diz que é como se "o tempo tivesse parado".

Ele pára. *E quando* você *também pára, com freqüência experimenta um desses momentos que marcam a vida.*

Eu acho difícil acreditar nisso. Como pode ser possível?

Sua ciência já o provou *matematicamente. Foram criadas fórmulas que mostram que se você entrasse em uma nave espacial e voasse para longe o suficientemente rápido, poderia voltar em direção à Terra e* ver-se levantando vôo.

Isso demonstra que o Tempo não é um movimento, *mas um campo através do qual* você *se move — nesse caso, na Nave Espacial Terra.*

Vocês dizem que são necessários 365 "dias" para completar um ano. Contudo, o que é um "dia"? Decidiram — a meu ver, arbitrariamente — que um "dia" é o "tempo" que a sua Nave Espacial leva para dar uma volta completa em seu eixo.

Como sabem que essa volta é dada? (Não podem senti-la *movendo-se!) Escolheram um ponto de referência nos céus — o Sol. Dizem que é preciso um "dia" inteiro para a parte da Nave Espacial em que estão ficar de frente para o Sol, afastar-se dele e depois encará-lo de novo.*

Dividiram esse "dia" em 24 "horas" — mais uma vez arbitrariamente. Poderiam simplesmente ter dito "10" ou "73"!

Então dividiram cada "hora" em "minutos". Disseram que cada unidade de hora continha 60 unidades menores, chamadas de "minutos" — e que cada um deles continha 60 unidades diminutas, chamadas de "segundos".

Um dia notaram que a Terra não só girava, como também voava! *Viram que se movia através do espaço* ao redor do Sol.

Vocês calcularam cuidadosamente que eram necessárias 365 voltas da Terra para a própria Terra girar ao redor do Sol. Esse número de voltas da Terra chamaram de um "ano".

As coisas ficaram um pouco confusas quando vocês decidiram que queriam dividir um "ano" em unidades menores do que um "ano" mas maiores do que um "dia".

Criaram a "semana" e o "mês" e conseguiram obter o mesmo número de meses em todos os anos, mas não o mesmo número de dias em todos os meses.

Vocês não conseguiram encontrar um modo de dividir um número ímpar de dias (365) por um número par de meses (12), por isso simplesmente decidiram que alguns meses continham mais dias do que os outros!

Acharam que tinham de manter o 12 como o subdivisor anual porque era o número dos Ciclos Lunares pelos quais observavam sua Lua passando durante um "ano". Para conciliar esses três eventos espaciais — as voltas ao redor do Sol, os giros da Terra em seu eixo e os ciclos lunares — vocês simplesmente ajustaram o número de "dias" em cada "mês".

Nem mesmo esse artifício resolveu todos os problemas, porque as suas invenções anteriores continuavam a criar um "aumento" de "tempo" com o qual não sabiam o que fazer. Então também decidiram que ocasionalmente um ano teria de ter um dia inteiro a mais! *Vocês o chamaram de Ano Bissexto, e acharam graça nisso, mas de fato* vivem *de acordo com essa construção — e então você acha* Minha *explicação do tempo "inacreditável"!*

Com a mesma arbitrariedade vocês criaram "décadas" e "séculos" (baseados, curiosamente, em múltiplos de 10, não *de 12) para medir melhor a passagem do "tempo" — mas o que realmente fizeram foi apenas inventar um modo de medir os* movimentos através do espaço.

Assim, vemos que não é o tempo que "passa", mas os objetos que passam e giram em um campo estático que vocês chamam de espaço. O "tempo" é simplesmente o seu modo de contar movimentos!

*Os cientistas compreendem muito bem essa conexão e por isso falam em termos do "*Continuum *Espaço-Tempo".*

Seu Dr. Einstein e outros perceberam que o tempo era uma construção mental, um conceito relacional. *Era o que era* relativamente ao espaço *que existia entre os objetos! (Se o Universo está se expandindo — e está — então hoje é preciso "mais tempo" para a Terra dar uma volta ao redor do Sol do que era preciso um bilhão de anos atrás. Há mais "espaço" para cobrir.)*

Portanto, foram necessários mais minutos, horas, dias, semanas, meses, décadas e séculos para todos esses eventos cíclicos ocorrerem recentemente do que em 1492! (Quando um "dia" não é um dia? Quando um "ano" não é um ano?)

Agora seus novos e altamente sofisticados instrumentos de cronometragem registram essa discrepância de "tempo", e todos os anos os relógios de todo o mundo são ajustados para acomodar um universo que não pára! É o que chamam de Hora de Greenwich...

Einstein especulou que se não era o "tempo" que se movia, mas ele *que se movia através do espaço em uma determinada velocidade, tudo que tinha de fazer para "alterar" o tempo era mudar a quantidade de espaço entre os objetos — ou a velocidade na qual se movia através do espaço de um objeto para o outro.*

Essa era a sua Teoria Geral da Relatividade, que aumentou a compreensão moderna da correlação entre tempo e espaço.

*Agora você pode começar a entender por que, se fizer uma longa jornada através do espaço e voltar, pode ter envelhecido apenas dez anos — enquanto seus amigos na Terra terão envelhecido trinta! Quanto mais longe você vai, mais modifica o "*Continuum *Espaço-Tempo", e diminui as suas chances quando volta de encontrar vivo na Terra quem estava lá quando partiu!*

Contudo, se em um "tempo futuro" os cientistas na Terra descobrissem um modo de arremessar-se mais rápido, *poderiam "enganar" o Universo e ficar em sincronia com o "tempo real" na Terra, voltando para descobrir que havia-se passado o mesmo tempo na Terra que na Nave Espacial.*

Obviamente, se fosse possível mais propulsão, poder-se-ia voltar para a Terra antes de levantar vôo! Isso quer dizer que o tempo na Terra passaria mais devagar *que o tempo na Nave Espacial. Você poderia voltar em dez dos seus "anos" e a Terra teria "envelhecido" apenas quatro!*

Agora, encontre uma "dobra" no tecido do espaço (Einstein e outros acreditavam que essas "dobras" existiam — e estavam certos!) e será subitamente arremessado no "espaço" em um "momento" infinitesimal. Esse fenômeno tempo-espaço poderia literalmente fazê-lo "voltar no tempo"?

A essa altura não deveria ser muito difícil perceber que o "tempo" só existe como uma construção da sua mente. Tudo que já aconteceu — e acontecerá *— está acontecendo* agora. *A capacidade de observá-lo depende apenas de seu ponto de vista — seu "lugar no espaço".*

Se você estivesse em Meu *lugar, poderia ver Tudo isso —* neste momento!

Compreende?

Uau! Estou *começando* a compreender — em um nível teórico — *sim!*

Ótimo. Eu lhe expliquei isso aqui muito simplesmente, para que até mesmo uma criança pudesse compreendê-lo. Pode não ser muito científico, mas produz uma boa compreensão.

Neste exato momento, os objetos materiais estão limitados em termos de sua velocidade — mas não os *imateriais*. Meus pensamentos... minha alma... poderiam teoricamente mover-se através do espaço celeste em uma velocidade incrível.

É isso! Exatamente! *E é o que freqüentemente acontece em sonhos e outras experiências extracorpóreas e psíquicas.*

Agora você compreende o Déjà Vu. *Provavelmente esteve ali antes!*

Mas... se tudo já *aconteceu*, então eu não posso mudar o meu futuro. Isso é o destino?

Não! Não acredite nessa idéia! Não é verdade. De fato, isso deveria beneficiá-lo, não prejudicá-lo!

Você está sempre em um lugar de livre-arbítrio e plena escolha. Ser capaz de ver o "futuro" (ou permitir que outros façam isso para você) deveria aumentar a sua capacidade de levar a vida que quer, não limitá-la.

Como? Eu preciso de ajuda aqui.

Se você "vê" um evento futuro ou experimenta algo de que não gosta, não deve escolhê-lo! *Escolha novamente! Escolha outro!*

Mude o seu comportamento para evitar o resultado não desejado.

Mas como posso evitar o que já aconteceu?

Não aconteceu com você — ainda! Você está em um lugar no "Continuum *Espaço-Tempo" em que não* tem consciência *do acontecimento. Não "sabe" que ele "aconteceu". Não se "lembrou" do seu futuro!*

(Esse esquecimento é o segredo de todo tempo. *É o que lhe possibilita "jogar" o grande jogo da vida! Eu o explicarei depois!)*

O que você não "sabe" não é "assim". Como "você" não se "lembra" do seu futuro, ele não "aconteceu" para "você" ainda! Uma coisa só "acontece" quando é "experimentada". Uma coisa só é "experimentada" quando é "conhecida".

Agora digamos que você foi abençoado com um vislumbre, uma fração de segundo de "conhecimento" do seu "futuro". O que aconteceu é que o seu Espírito — sua parte imaterial — foi rapidamente para outro lugar no "Continuum *Espaço-Tempo" e trouxe de volta uma energia residual — algumas imagens ou impressões — do momento ou evento.*

Você pode "sentir" essas coisas — ou às vezes alguém que desenvolveu um dom metafísico pode "sentir" ou "ver" essas imagens ou energias que o cercam.

Se você não gostar do que "sente" em relação ao seu "futuro", evite-o. Simplesmente evite-o! Nesse instante você muda a sua experiência — e todos vocês dão um suspiro de alívio!

Espere um minuto! Quemmm?

Você deve saber — agora está pronto para ouvir — que existe em todos os níveis do "Continuum *Espaço-Tempo*" simultaneamente.

Ou seja, sua alma Sempre Foi, Sempre É e Sempre Será — um mundo infinito — amém.

Eu "existo" em mais de um lugar?

É claro que sim! Existe em todos os lugares — e em todos os tempos!

Há um "eu" no futuro e um "eu" no passado?

Bem, o "futuro" e o "passado" não existem, como já expliquei — mas empregando essas palavras como você as empregou, sim.

Há mais de um de mim?

Há apenas *um de você, mas você é muito maior do que imagina!*

Então quando o "eu" que existe "agora" muda algo de que não gosta em seu "futuro", o "eu" que existe no "futuro" não tem mais isso como parte da sua experiência?

Basicamente sim. Todo o mosaico muda. Mas ele nunca perde a experiência que se proporcionou. Fica apenas aliviado e feliz por "você" não ter de passar por isso.

Mas o "eu" no "passado" ainda tem de "experimentar" isso, e por esse motivo caminha em sua direção?

Em certo sentido, sim. Mas é claro que "você" pode "ajudá-lo".

Posso?

É claro que sim. Em primeiro lugar, mudando o que o "você" à sua frente experimentou, o "você" atrás *pode nunca ter de experimentar! É com esse artifício que a sua alma evolui.*

Do mesmo modo, o você futuro *obteve ajuda de seu próprio eu futuro, ajudando-o assim a evitar o que* ele *não evitou.*

Você compreendeu?

Sim. E é fascinante. Mas agora tenho outra pergunta. E quanto às vidas passadas? Se eu sempre sou "eu" — no "passado" e "futuro" — como posso ter sido *outra pessoa*, em uma vida passada?

Você é um Ser Divino, capaz de ter mais de uma experiência ao mesmo "tempo" e de dividir o seu Eu em muitos "eus" diferentes que escolher.

Pode ter a "mesma vida" repetidamente, de modos diferentes — como já expliquei. E também pode ter vidas diferentes em "tempos" diferentes do Continuum.

Portanto, enquanto está sendo você, aqui e agora — também pode ser, e foi — outros "eus" em outros "tempos" e "lugares".

Puxa vida! Isso fica cada vez mais complicado!

Sim — e você de fato tocou somente na superfície aqui.

Saiba apenas que é um ser de Proporção Divina, que não conhece limitações. Uma parte de você está escolhendo conhecer-se como a sua Identidade experimentada atualmente. Contudo, esse não é nem de longe o limite do seu Ser, embora você ache que é.

Por quê?

Você deve *achar que é, ou não poderá fazer o que se propôs fazer nesta vida.*

E o que foi? O Senhor já me disse, mas diga-me de novo, "aqui" e "agora".

Você está usando toda a Vida — todas de muitas *vidas para* ser e decidir *Quem Realmente É; escolher e criar Quem Realmente É; experimentar e consumar a sua idéia atual sobre si mesmo.*

Está em um Momento Eterno de criação e satisfação do Eu através do processo de expressão do Eu.

Atraiu as pessoas, os eventos e as circunstâncias de sua vida como ferramentas com as quais moldar a Versão Maior da Visão Melhor que já teve de si mesmo.

Esse processo de criação e recriação é contínuo, interminável e ocorre em múltiplas camadas. Tudo está acontecendo "agora" em muitos níveis.

Em sua realidade linear, você vê a experiência como sendo do Passado, do Presente e do Futuro. Imagina que tem uma vida, ou talvez muitas, mas certamente apenas uma de cada vez.

Mas e se não existisse o "tempo"? Então estaria tendo todas as suas "vidas" de uma vez!

Você está!

Está vivendo esta *vida, sua vida atualmente percebida, em seu Passado, seu Presente e seu Futuro — de uma vez! Já teve um "estranho pressentimento" sobre um evento futuro — tão forte que o fez evitá-lo?*

Em sua língua, você chama a isso de premonição. Do Meu ponto de vista é simplesmente uma consciência que você subitamente tem de algo que apenas experimentou em seu "futuro".

Seu "eu futuro" está dizendo: "Ei, isso não foi divertido. Não faça *isso!"*

Você também está vivendo outras vidas — o que chama de "vidas passadas" — neste momento — embora as experimente como tendo sido em seu "passado" (se é que as experimenta), e isso também é aceitável. Seria muito difícil para você jogar esse maravilhoso jogo da vida se tivesse plena *consciência do que está acontecendo. Nem mesmo essa descrição oferecida aqui pode proporcionar-lhe isso. Se pudesse, o "jogo" estaria terminado! O Processo* depende *de o Processo estar completo, ou seja, inclusive da sua falta de consciência plena nesse estágio.*

Então bendiga o Processo, e aceite-o como a maior dádiva do Mais Bondoso Criador. Aceite o Processo e mova-se através dele com paz, sabedoria e alegria. Use o Processo e transforme-o de algo que você suporta em algo que você usa *como uma ferramenta na criação da experiência mais magnífica de Todos os Tempos: a satisfação do seu Eu Divino.*

Como? Qual é o melhor modo de fazer isso?

Não desperdice os momentos preciosos, sua realidade atual, tentando descobrir todos os segredos da vida.

Eles são segredos por um motivo. *Conceda ao seu Deus o benefício da dúvida. Use o seu Momento Atual para o Objetivo Mais Elevado — a criação e expressão de Quem Realmente é.*

Decida *Quem É* — *Quem* deseja ser — *e então faça tudo que puder para* ser *isso.*

Use o que Eu lhe disse sobre o tempo como uma estrutura, dentro da sua compreensão limitada, sobre a qual colocar as construções da sua Idéia Mais Nobre.

Se você tiver uma impressão sobre o "futuro", respeite-a. *Se tiver uma idéia sobre uma "vida passada", veja se ela lhe é útil — não apenas a ignore. Acima de tudo, se souber um modo de criar, mostrar, expressar e experimentar o seu Eu Divino ainda mais gloriosamente aqui e agora, use-o.*

E você saberá *um modo, porque pediu por ele. Produzir este livro é um sinal do seu pedido, porque não poderia estar produzindo-o agora diante de seus olhos, sem uma mente aberta, um coração aberto e uma alma que está pronta para saber.*

O mesmo é verdadeiro para aqueles que o estão lendo. *Porque* eles o criaram também. *De que outro modo poderiam estar* experimentando-o?

Todos estão criando agora tudo que está sendo experimentado — o que é outro modo de dizer que Eu *estou criando agora tudo que está sendo experimentado, porque* Eu *sou todos.*

Está percebendo a simetria aqui? Está vendo a Perfeição?

Está tudo contido em uma única verdade:

HÁ APENAS UM DE NÓS.

Capítulo 6

Fale-me sobre o espaço.

O espaço é o tempo... demonstrado.

Na verdade o espaço não existe — puro, "vazio", sem nada nele. Tudo é alguma coisa. *Até mesmo o espaço "mais vazio" é cheio de vapores tão leves e espalhados por áreas infinitas que parecem não estar ali.*

Então, depois que os vapores se vão, há energia. Pura energia. Isso se manifesta como vibração. Oscilações. Movimentos do Todo em uma determinada freqüência.

A "energia" invisível é o "espaço" que "mantém unida a matéria".

Um dia — usando como modelo o seu tempo linear — toda a matéria no Universo foi condensada em um diminuto ponto. Você não pode imaginar a sua densidade — mas isso é porque acha que a matéria como existe agora *é densa.*

Na verdade, o que você chama de matéria é principalmente espaço. Todos os objetos "sólidos" são 2% "matéria" sólida e 98% "ar"! O espaço entre as menores partículas de matéria em todos os objetos é enorme. É algo como a distância entre os corpos celestes em seu céu noturno. Contudo, você chama esses objetos de sólidos.

Em um determinado ponto, todo o Universo foi realmente "sólido". Praticamente não havia espaço *entre as partículas de matéria. Toda a matéria teve o seu "espaço" tirado — e sem o enorme "espaço" ocupou uma área menor do que a cabeça de um alfinete.*

Houve realmente um "tempo" antes desse "tempo" em que não havia matéria — apenas a forma mais pura da Energia de Maior Vibração, que você chamaria de antimatéria.

Esse foi o tempo "antes" do tempo — antes do universo físico como você o conhece existir. Nada *existia como matéria. Algumas pessoas pensam nisso como o paraíso, ou "céu", porque "nada era a matéria"!*

No início, era a pura energia — Eu — *vibrando, oscilando rápido para formar matéria* — toda a matéria do Universo!

Você também pode realizar a mesma proeza. De fato, realiza-a todos os dias. Seus pensamentos *são pura vibração — eles podem criar e realmente criam matéria! Se um número suficiente de vocês tiver o mesmo pensamento, pode impelir, e até mesmo criar, partes do seu universo físico. Eu lhe expliquei isso detalhadamente no Livro I.*

O Universo está agora se expandindo?

Em uma velocidade que você não pode imaginar!

E se expandirá para sempre?

Não. Haverá um tempo em que as energias que causam a expansão se dissiparão, e as energias que mantêm as coisas unidas prevalecerão — fazendo tudo "recuar" novamente.

Quer dizer que o Universo se contrairá?

Sim. Tudo irá, literalmente, "voltar para o lugar"! E você terá o paraíso novamente. Sem matéria. Pura energia.

Em outras palavras — Eu!

No final, tudo voltará para Mim. Essa é a origem de sua frase. "Tudo se reduz a isso."

O que significa que nós não existiremos mais!

Não em forma física. Mas vocês sempre existirão. *Não podem* não *existir.* São *o que É.*

O que acontecerá depois que o Universo "sofrer um colapso"?

Todo o processo recomeçará! Haverá outro assim chamado Big Bang, *e surgirá outro universo.*

Ele se expandirá e contrairá. E então fará a mesma coisa repetidamente. Para sempre. Eternamente.

É o ato de inspirar e expirar de Deus.

Bem, isso é, mais uma vez, muito interessante — mas tem muito pouco que ver com a minha vida diária.

Como Eu já disse, gastar uma grande quantidade de tempo tentando descobrir os maiores mistérios do Universo é provavelmente o modo menos eficiente de fazer uso da sua vida. Contudo, há benefícios a serem obtidos com essas alegorias e descrições do Processo Mais Amplo.

Como quais?

Como a compreensão de que todas as coisas são cíclicas — inclusive a própria vida.

Compreender a vida do Universo o ajudará a compreender a vida do universo dentro de você.

A vida se põe em movimento em ciclos. Tudo é cíclico. Tudo. Quando você compreender isso, será mais capaz de apreciar o Processo — não meramente suportá-lo.

Todas as coisas se põem em movimento ciclicamente. Há um ritmo natural na vida, e tudo se move nesse ritmo; tudo segue essa corrente. Por isso está escrito: "Para tudo há uma estação; e um tempo para todo Objetivo na Terra."

Sábio é aquele que compreende isso. Inteligente é aquele que tira partido disso.

Poucas pessoas compreendem mais os ritmos da vida do que as mulheres. Elas vivem todas as suas vidas seguindo o ritmo. Seguem *o ritmo da própria vida.*

As mulheres também são mais capazes do que os homens de "ir com a corrente". Eles querem lutar contra a corrente, dirigi-la. *As mulheres a* experimentam *— e depois a seguem para produzir harmonia.*

Uma mulher ouve a melodia das flores no vento. Vê a leveza do invisível. Sente os impulsos da vida. Sabe *quando é hora de correr e de descansar, de rir e de chorar, de segurar e de deixar ir.*

Quase todas as mulheres deixam seus corpos graciosamente. Quase todos os homens lutam na partida. As mulheres também tratam seus corpos melhor quando estão neles. *Os homens tratam seus corpos pessimamente, do mesmo modo como tratam a vida.*

É claro que há exceções a toda regra. Eu estou falando aqui de como as coisas têm sido até agora, nos termos mais amplos. Mas se você olhar para a vida, se admitir para si mesmo o que está vendo e viu, se reconhecer o que é, pode encontrar verdade nesse princípio geral.

Mas isso faz com que eu me sinta triste, como se as mulheres fossem de algum modo seres superiores. Como se estivessem mais "certas" do que os homens.

Parte do ritmo glorioso da vida é o yin *e o* yang. *Um Aspecto do "Ser" não é "mais perfeito" ou "melhor" do que o outro. Ambos os aspectos são simplesmente — e maravilhosamente — isso: aspectos.*

Obviamente os homens incorporam outros reflexos da Divindade, que as mulheres vêem com igual inveja.

Contudo, tem sido dito que ser homem é a sua provação. Quando você for homem o tempo suficiente — quando sofrer o suficiente com a sua própria tolice; infligir sofrimento suficiente com as desgraças que você mesmo criou; magoar os outros o suficiente para mudar os seus próprios comportamentos — substituir agressão por razão, desprezo por compaixão, o ganhar-sempre por ninguém-perder — poderá tornar-se uma mulher.

Quando você aprender que poder não é "direito", que força não é poder sobre, *mas com, que o poder absoluto não exige absolutamente nada dos outros; quando você compreender essas coisas, poderá merecer ter um corpo de mulher — porque finalmente terá compreendido a Essência dela.*

Então uma mulher *é* melhor do que um homem.

Não! Não "melhor" — diferente! É você *que está fazendo esse julgamento. Não há "melhor" ou "pior" na realidade objetiva. Há apenas o que É — e o que você deseja Ser.*

Eu já disse que quente não é melhor do que frio, em cima não é melhor do que embaixo. Portanto, mulher não é "melhor" do que homem. É apenas o que É. Assim como você é o que é.

Contudo, nenhum de vocês é restrito, mas limitado. Vocês podem Ser o que desejam Ser, escolher o que desejam experimentar. Nesta vida ou na próxima, ou na próxima depois desta — como fizeram na anterior. Todos vocês estão sempre escolhendo. Todos são feitos de Tudo Isso. Há homem e mulher em cada um de vocês. Expressem e experimentem o aspecto que quiserem expressar e experimentar. Contudo, saibam que tudo *é viável para todos vocês.*

Eu não quero partir para outros temas. Quero continuar um pouco mais com esse paradigma homem-mulher. O Senhor prometeu no final do último livro discutir muito mais detalhadamente todo o aspecto sexual dessa dualidade.

Sim — acho que é hora de nós conversarmos sobre Sexo.

Capítulo 7

Por que o Senhor criou dois sexos? Esse foi o único modo que pôde imaginar para nós nos recriarmos? Como deveríamos lidar com essa incrível experiência chamada sexualidade?

Certamente não com vergonha. E não com culpa e medo.

Porque vergonha não é virtude, culpa não é bondade e medo não é respeito.

E não com luxúria, porque luxúria não é paixão; não com abandono, porque abandono não é liberdade; e não com agressividade, porque agressividade não é ânsia.

E obviamente não com idéias de controle, poder ou domínio, porque elas não têm nada que ver com Amor.

Mas... o sexo pode ser usado com objetivos de simples gratificação pessoal? A resposta surpreendente é sim — porque "gratificação pessoal" é apenas outro termo para Amor-próprio.

A gratificação pessoal adquiriu uma conotação negativa ao longo dos anos, o que é o principal motivo de haver tanta culpa ligada ao sexo.

Disseram-lhe que não deve usar para gratificação pessoal algo que é muito gratificante pessoalmente! *Essa óbvia contradição é clara para você, mas não sabe aonde chegar com a conclusão! Então decide que se você se sentir* culpado *pelo fato de se sentir bem durante e após o sexo, ao menos se reabilitará.*

Isso não é diferente da cantora famosa que todos vocês conhecem, cujo nome Eu não direi aqui, que recebe milhões de dólares para cantar. Quando lhe pediram para comentar o seu incrível sucesso e as riquezas que lhe proporcionou, ela disse: "Eu me sinto quase culpada *porque adoro cantar."*

A implicação é clara. Se você adora fazer algo, não deveria também ser recompensado com dinheiro. A maioria das pessoas ganha dinheiro fazendo algo que detesta — *ou pelo menos algo que é* trabalho duro, *não um* eterno prazer!

Portanto, a mensagem do mundo é: se você se sentir mal em relação a algo, então poderá apreciá-lo!

Com freqüência você usa a culpa em sua tentativa de sentir-se mal *em relação a algo que o faz sentir-se* bem — *e assim se reconcilia com Deus... que você acha que não quer que se sinta bem em relação a* nada!

Você não deve especialmente sentir-se bem com os prazeres do corpo. E absolutamente *não (como a sua avó costumava sussurrar) com o "S-E-X-O ..."*

Bem, a boa notícia é que não há mal algum em adorar o sexo!

E também não há mal algum em adorar a Si Mesmo!

Na verdade, isso é fundamental.

O que não o beneficia é tornar-se viciado *em sexo (ou em qualquer outra coisa). Mas não há "mal algum" em adorá-lo!*

Pratique dizer isto dez vezes por dia:

EU ADORO SEXO

Pratique dizer isto dez vezes:

EU ADORO DINHEIRO

Agora, quer algo realmente difícil? Tente dizer isto dez vezes:

EU ADORO A MIM MESMO!

Eis aqui algumas outras coisas que não esperam que você adore. Pratique adorá-las:

PODER
GLÓRIA
FAMA
SUCESSO
VITÓRIA

Quer mais? Tente estas. *Você deveria* realmente *se sentir culpado se as adorasse:*

LISONJA
SER MELHOR
TER MAIS
SABER COMO
SABER POR QUÊ

Já chega? Espere! Eis a culpa máxima. *Você deve senti-la se achar que:*

CONHECE DEUS

Não é interessante? Durante toda a sua vida fizeram com que você se sentisse culpado pelas

COISAS DE QUE MAIS GOSTA

Contudo, Eu lhe digo que adore, adore, *adore as coisas que deseja — porque seu amor por elas as* atrairá para você.

É dessas coisas que é feita a vida. *Quando você as adora,* adora a vida! *Quando declara o seu desejo por elas, anuncia que escolhe tudo de bom que a vida tem a oferecer!*

Então escolha o sexo — *todo sexo que puder ter! Escolha o* poder — *todo poder que puder ter! Escolha a* fama — *toda fama que puder ter! Escolha o* sucesso — *todo* sucesso *que puder ter! E escolha a* vitória — *toda vitória que puder ter!*

Contudo, não escolha o sexo em lugar do amor, mas como uma celebração dele. *Não escolha o poder sobre,* mas o poder com. *Não escolha a fama como um objetivo em si,* mas como um meio de atingir um objetivo mais amplo. *Na escolha o sucesso à custa dos outros,* mas como uma ferramenta com a qual ajudar os outros. *E não escolha vencer a qualquer preço,* mas a vitória que não custe coisa alguma às outras pessoas, e até mesmo as beneficie.

Vá em frente e escolha a lisonja — mas veja todas as outras pessoas como seres que você *pode lisonjear, e* faça *isso!*

Vá em frente e escolha ser melhor — não melhor do que os outros, mas melhor do que você era antes.

Vá em frente e escolha ter mais, mas apenas para ter mais para dar.

E sim, escolha *"saber como" e "saber por que" — para poder partilhar todo esse conhecimento com os outros.*

E sem dúvida escolha CONHECER DEUS. De fato, ESCOLHA ISSO PRIMEIRO, e todo o resto se seguirá.

Durante toda a sua vida, você aprendeu que é melhor dar do que receber. Contudo, você não pode dar o que não tem.

É por isso que a gratificação pessoal é tão importante — e tão malvista que passou a parecer ruim.

Obviamente, não estamos falando aqui da gratificação pessoal à custa das outras pessoas, de ignorar as necessidades delas. Contudo, a vida também não deveria exigir que fossem ignoradas as próprias necessidades.

Dê-se muito prazer, e terá muito prazer para dar às outras pessoas.

Os mestres do sexo tântrico sabem disso. É por esse motivo que encorajam a masturbação, que alguns de vocês consideram um pecado.

A masturbação? Ah, puxa vida! O Senhor realmente passou dos limites aqui. Como pode tocar nesse assunto — ao menos *mencioná-lo* — em uma mensagem que se supõe que venha de Deus?

Eu entendo. Você tem um julgamento sobre a masturbação.

Bem, *Eu* não tenho, mas muitos leitores poderiam ter. E achei que o Senhor havia dito que estávamos produzindo este livro para outras pessoas lerem.

E estamos.

Então por que as está ofendendo deliberadamente?

Eu não estou "ofendendo deliberadamente" ninguém. As pessoas têm liberdade para ser "ofendidas" ou não, como escolherem. Contudo, você realmente acha que será possível falarmos clara e abertamente sobre a sexualidade humana sem que alguém escolha ficar "ofendido"?

Não, mas há limites. Eu não acho que a maioria das pessoas esteja pronta para ouvir Deus falar sobre masturbação.

Se for para este livro se limitar ao que "a maioria das pessoas" está pronta para ouvir Deus falar, será um livro muito pequeno. A maioria das pessoas nunca está pronta para ouvir Deus falar quando Ele está falando. Geralmente elas esperam 2 mil anos.

Está bem, continue. Todos nós superamos o nosso choque inicial.

Ótimo. Eu estava apenas usando esta experiência de vida (que todos vocês têm tido, mas da qual ninguém quer falar) para ilustrar um ponto mais amplo.

O ponto principal, reformulado: dê-se muito prazer e terá muito prazer para dar às outras pessoas.

Os mestres do que vocês chamam de sexo tântrico — que, a propósito, é uma forma muito elevada de expressão sexual — sabem que se você procurar o sexo avidamente, sua capacidade de proporcionar prazer ao seu parceiro ou à sua parceira, e experimentar uma união prolongada e alegre de almas e corpos — que é um ótimo motivo para experimentar a sexualidade — será bastante diminuída.

Por isso, as pessoas que praticam esse tipo de sexo freqüentemente se masturbam antes de proporcionarem prazer. Muitas vezes isso é feito na presença umas das outras, e em geral com o incentivo, a ajuda e a orientação amorosa de seus parceiros. Então, quando os desejos iniciais são satisfeitos, o desejo mais profundo de ambos — de êxtase através da união prolongada — pode ser gloriosamente satisfeito.

A masturbação mútua é parte da alegria e do afeto da sexualidade plenamente expressada. É uma de várias *partes. A experiência que vocês chamam de coito, ou ato sexual, poderia vir no final de um encontro amoroso de duas horas. Ou não vir. Para muitos de vocês é* o único objetivo *de um exercício de 20 minutos. Isto é, 20 minutos se tiverem sorte!*

Eu não tinha idéia de que isto iria se transformar em um manual do sexo.

Não se transformou. Mas não seria tão ruim caso se transformasse. A maioria das pessoas tem muito a aprender sobre a sexualidade, e sua mais maravilhosa e saudável expressão.

Contudo, Eu ainda estava tentando ilustrar o ponto mais amplo. Quanto mais prazer você dá a si mesmo, mais pode dar à outra pessoa. De igual modo, se você se dá o prazer do poder, tem mais poder para partilhar. O mesmo é verdadeiro para a fama, a riqueza, a glória, o sucesso ou qualquer outra coisa que o faça sentir-se bem.

E, a propósito, acho que é hora de examinarmos por que uma determinada coisa realmente *o faz "sentir-se bem".*

Está bem — eu desisto. Por quê?

"Sentir-se bem" é o modo de a alma gritar: "É assim que eu sou!"

Você já esteve em uma sala de aula em que o professor fazia a chamada e quando o seu nome era dito você tinha de dizer "presente"?

Sim.

"Sentir-se bem" é o modo de a alma dizer "presente"!

Agora muitas pessoas estão ridicularizando toda essa idéia de "fazer o que o faz sentir-se bem". Dizem que esse é o caminho para o inferno. Contudo Eu *digo que é o caminho para o* Céu.

É claro que depende muito do que você diz que o "faz sentir-se bem". Em outras palavras, que tipos de experiências o agradam? Mas Eu lhe digo que nenhum tipo de evolução ocorreu através da negação. *Se você evoluir, não será porque conseguiu* negar-se *as coisas que "o agradam", mas porque* se permitiu esses prazeres *— e encontrou algo ainda superior. Porque como você pode saber que algo é "superior" se nunca experimentou o "inferior"?*

A religião desejaria que você aceitasse o que ela tem a dizer em relação a isso. É por esse motivo que todas as religiões em última análise fracassam.

Por outro lado, a espiritualidade *sempre será bem-sucedida.*

A religião lhe pede para aprender com a experiência dos outros. A espiritualidade exige que busque a sua própria.

A religião não suporta a espiritualidade, porque a espiritualidade pode levá-lo a uma conclusão diferente *de uma determinada religião — e isso nenhuma religião conhecida pode tolerar.*

A religião o incentiva a explorar os pensamentos das outras pessoas e aceitá-los como seus. A espiritualidade o convida a deixar de lado os pensamentos das outras pessoas e a ter os seus.

"Sentir-se bem" é o seu modo de dizer a si mesmo que seu último pensamento foi verdadeiro, *sua última palavra foi sábia e seu último ato, de* amor.

Para perceber o quanto você progrediu, avaliar o quanto evoluiu, simplesmente veja o que o faz "sentir-se bem".

Contudo, não procure forçar a sua evolução — evoluir mais e mais rápido — negando o que o agrada, ou evitando-o.

A negação de si mesmo é autodestruição.

Mas saiba que o auto-ajuste não é negação de si mesmo. Ajustar o próprio comportamento é uma escolha *de fazer ou não algo baseado em sua decisão a respeito de quem é. Se você declara que respeita os direitos das outras pessoas, a decisão de não roubá-las ou estuprá-las não é "negação de si mesmo". É uma* afirmação de si mesmo. *É por isso que diz-se que a avaliação do quanto alguém evoluiu é o que faz essa pessoa se sentir bem.*

Se agir de forma irresponsável — comportar-se de um modo que você sabe que poderia prejudicar os outros ou causar-lhes sofrimento — é o que o faz "sentir-se bem", então não evoluiu muito.

O segredo aqui é a consciência. E é tarefa dos mais velhos em suas famílias e comunidades criar e expandir essa consciência entre os jovens. De igual modo, é tarefa dos mensageiros de Deus aumentar a consciência em todas *as pessoas, para que elas possam entender que aquilo que é feito para ou por alguém é feito para ou por vocês todos — porque todos vocês são Um.*

Quando você parte de "todos nós somos Um", é praticamente impossível achar que prejudicar os outros o "faz sentir-se bem". O assim chamado "comportamento irresponsável" desaparece. É dentro desses parâmetros que os seres em evolução procuram experimentar a vida, que eu lhe digo para permitir-se *ter* tudo *que a vida tem a oferecer — e você descobrirá que ela tem* mais a oferecer do que você já imaginou.

Você é aquilo que experimenta. Experimenta aquilo que expressa. Expressa aquilo que tem a expressar. Tem o que se permite ter.

Eu adoro isso — mas podemos voltar à pergunta original?

Sim. Eu criei dois sexos pelo mesmo motivo pelo qual coloquei o yin e yang *em tudo — em todo o Universo! Esse homem e essa mulher são* parte *do* yin *e do* yang. *São a sua mais elevada expressão viva em seu mundo.*

São o yin *e o* yang... em forma. *Em uma de* muitas formas físicas.

O yin *e o* yang, *o aqui e o ali... o isto e o aquilo... o em cima e o embaixo, o quente e o frio, o grande e o pequeno, o rápido e o devagar — a matéria e a antimatéria...*

Tudo *isso é necessário para você experimentar a vida como a conhece.*

Como podemos expressar melhor essa coisa chamada energia sexual?

Amorosamente. Abertamente.

Alegremente. Prazerosamente.

Desinibidamente. Apaixonadamente. Sagradamente. Romanticamente.

Humoristicamente. Espontaneamente. Comoventemente. Criativamente. Tranqüilamente. Sensualmente.

E, é claro, Freqüentemente.

Há aqueles que dizem que o único propósito legítimo da sexualidade humana é a procriação.

Isso é besteira. A procriação é o efeito secundário positivo, não a intenção lógica, da maioria das experiências sexuais humanas. A idéia de que o sexo existe apenas para fazer bebês é ingênua, e a idéia resultante de que, por esse motivo, deveria deixar de ser praticado quando o último filho é concebido, é pior ainda. Viola a natureza humana — que é a natureza que Eu lhes dei.

A expressão sexual é o resultado inevitável de um processo de atração interno e um fluxo rítmico de energia que alimenta toda vida.

Eu coloquei em tudo uma energia que transmite seu sinal por todo o Universo. Todas as pessoas, plantas, pedras e árvores, e todos os animais — tudo *que é físico — emitem energia, como um transmissor de rádio.*

Neste exato momento você *está emitindo energia, do centro de seu ser, em todas as direções. Essa energia — que é* você *— move-se para fora em ondas. Ela o deixa, move-se através de paredes e sobre montanhas, passa pela Lua e é Eterna.* Nunca, nunca pára.

Todos os pensamentos que você já teve se revelam nessa energia. (Quando você pensa em alguém, se essa pessoa for suficientemente sensível, pode senti-lo.*) Todas as palavras que você já disse têm uma influência sobre ela. Tudo que você já fez a afeta.*

A vibração, a velocidade, a extensão da onda e a freqüência de suas emanações mudam constantemente com seus pensamentos, seu estado de espírito, seus sentimentos, suas palavras e seus atos.

Você já ouviu as palavras "emitirem boas vibrações", e elas são verdadeiras. Muito exulus!

Naturalmente, todas as outras pessoas fazem a mesma coisa. E por isso o éter — o "ar" entre vocês — é cheio de energia*: uma Matriz de "vibrações" pessoais entrelaçadas que forma uma tapeçaria mais complexa do que você pode imaginar.*

Esse entrelaçamento é o campo de energia combinada dentro do qual você vive. É poderoso, *e afeta* tudo, *inclusive* você.

Você *emite "vibrações" recém-criadas sendo afetado, como é, pelas vibrações* que chegam. *Estas, por sua vez, juntam-se à Matriz e a mudam — o que afeta o campo de energia de todas as outras pessoas, o que afeta as* vibrações *que elas emitem, o que afeta a Matriz — o que afeta* você... *e assim por diante.*

Você pode achar que tudo isso é apenas uma fantástica ilusão — mas já entrou em uma sala em que o "ar estava tão denso que poderia cortá-lo com uma faca"?

Ou já ouviu falar de dois cientistas que trabalhavam no mesmo problema ao mesmo tempo — em lados opostos do Globo — sem o conhecimento um do outro, e de repente encontraram a mesma solução simultaneamente — e independentemente?

Essas são ocorrências comuns, e algumas das manifestações mais óbvias da Matriz.

A Matriz — o campo de energia combinada em um dado parâmetro — é uma vibração poderosa. Pode afetar diretamente e criar *objetos físicos e eventos.*

("Onde dois ou mais estiverem reunidos em Meu nome ...")

Sua psicologia popular chamou essa Matriz de energia de "Consciência Coletiva". Ela pode afetar, e afeta, tudo em seu planeta: *as perspectivas de guerra e as chances de paz; a revolução geofísica ou a tranqüilidade do planeta; as epidemias ou a boa saúde geral.*

Tudo isso é o resultado da consciência.

Também o são os eventos mais específicos e as condições em sua vida pessoal.

Isso é fascinante, mas o que tem que ver com o sexo?

Paciência. Estou chegando lá.

Todo o mundo troca energia o tempo todo.

Sua energia está sendo impelida para fora, afetando tudo o mais. Tudo e todos estão afetando você. Mas então acontece uma coisa interessante. Em algum ponto — a meio caminho entre você e tudo o mais — essas energias se encontram.

Para fazer uma descrição mais vívida, vamos imaginar duas pessoas em uma sala. Elas estão em lados opostos. Vamos chamá-las de Tom e Mary.

A energia pessoal de Tom está transmitindo sinais sobre ele em um giro de 360 graus no Universo. Um pouco dessa onda de energia atinge Mary.

Enquanto isso, Mary está emitindo a sua própria energia — um pouco da qual atinge Tom.

Mas essas energias se encontram de um modo que você pode não ter imaginado. Encontram-se a meio caminho *entre Tom e Mary.*

Ali, as energias se unem (lembre-se de que essas energias são fenômenos físicos; podem ser medidas, sentidas*) e se combinam para formar uma nova unidade de energia que chamaremos de "Tomary". É a energia de Tom e Mary combinada.*

Tom e Mary poderiam muito bem chamá-la de O Corpo Entre Nós — porque é justamente isso: um corpo de energia ao qual ambos estão ligados, que alimentam continuamente com as energias que fluem para ele, e que envia energias de volta *para seus dois "fornecedores" ao longo do fio, da corda ou da linha de abastecimento que sempre existe dentro da Matriz. (De fato, essa "linha de abastecimento"* é *a Matriz.)*

É essa experiência *de "Tomary" que é a* verdade *de Tom e Mary. É* para essa *Santa Comunhão que ambos são atraídos. Porque eles sentem, ao longo da linha de abastecimento, a alegria sublime do Corpo Entre, do Um Combinado, da União Abençoada.*

Tom e Mary, a distância, podem sentir *— de um* modo físico *— o que está acontecendo na Matriz. Ambos são* impelidos *na direção dessa experiência. Querem mover-se na direção um do outro! Ao mesmo tempo!*

Agora o seu "treinamento" se manifesta. O mundo os treinou para ir devagar, não confiar nos sentimentos, evitar ser "feridos", conter-se.

Mas a alma ... quer conhecer "Tomary" — agora!

Se os dois tiverem sorte, serão suficientemente livres para deixar de lado seus medos e acreditar que o amor é tudo que existe.

Agora eles estão sendo definitivamente atraídos para o Corpo Entre Eles. TOMARY já *está sendo experimentado* metafisicamente, *e Tom e Mary desejarão experimentá-lo fisicamente. Então eles se aproximarão mais. Não para chegar um no outro. Parece ser assim para o observador casual. Ambos tentam chegar em TOMARY, esse lugar de União Divina que* já existe *entre eles. O lugar em que já sabem que são Um — e como é* Ser *Um.*

Então Tom e Mary se movem na direção desse "sentimento" que estão experimentando, e quando diminuem o espaço entre eles, "encurtam a corda", a energia que ambos enviam para TOMARY percorre uma distância menor e por isso é mais intensa.

Eles se aproximam ainda mais. Quanto mais curta a distância, maior a intensidade. Eles se aproximam ainda mais. Novamente a intensidade aumenta.

Agora eles estão apenas alguns centímetros separados. O Corpo Entre eles brilha com calor intenso. Vibra com enorme velocidade. A "conexão" para e de TOMARY é maior, mais ampla e brilhante, ardendo com a transmissão de incrível energia. Diz-se que os dois "estão ardendo de desejo". E estão!

Eles se aproximam ainda mais.

Tocam-se.

A sensação é quase insuportável. Extraordinária. Eles sentem, no ponto em que se tocam, toda a energia de TOMARY — toda a essência intensamente unificada de seu Ser Combinado.

Se você estiver disposto a revelar a sua maior sensibilidade, poderá sentir essa energia sutil e sublime como um formigamento quando é estabelecido o contato — às vezes o "formigamento" atravessa *o seu corpo — ou como um calor no ponto de contato — que você também pode subitamente sentir em todo o seu corpo — mas mais intenso em seu chacra inferior, ou centro de energia.*

Ele "arderá" ali com uma intensidade especial — e agora dirão que Tom e Mary estão "fervendo"!

Os dois se abraçam, e diminuem ainda mais o espaço vazio com Tom, Mary e Tomary quase preenchendo o mesmo espaço. Tom e Mary podem sentir *Tomary entre eles — e querem aproximar-se ainda mais — para literalmente* fundir-se *com Tomary.* Tornar-se *Tomary em* forma física.

Eu criei nos corpos masculinos e femininos um modo de fazer isso. Nesse momento, os corpos de Tom e Mary estão prontos para fazê-lo. O corpo de Tom está pronto para literalmente penetrar *no de Mary. O corpo de Mary está pronto para literalmente* receber Tom dentro dela.

O formigamento e a ardência são agora mais do que intensos. Indescritíveis... Os dois corpos físicos se unem. Tom, Mary e *Tomary tornam-se Um. Na* carne.

As energias ainda fluem entre eles. Insistente e apaixonadamente.

Tom e Mary gemem. Movem-se. Não conseguem obter o suficiente um do outro, aproximar-se o bastante. Tentam aproximar-se mais. MAIS.

Eles explodem — literalmente — e todos os seus corpos físicos são sacudidos. A vibração é sentida nas pontas de seus dedos. Na explosão de sua unicidade eles conheceram o Deus e a Deusa, o Alfa e o Ômega, o Tudo e o Nada — a Essência da vida — a Experiência Do Que É.

Há um processo químico também. Os dois se tornaram *Um — e freqüentemente um* terceiro *ser é criado a partir deles, em* forma física.

Assim, uma imagem de TOMARY é criada. Carne de sua carne. Sangue de seu sangue.

Eles literalmente criaram vida!

Eu não disse que vocês são Deuses?

Essa é a descrição mais bela da sexualidade humana que eu já ouvi.

Você vê a beleza onde deseja vê-la. Vê a feiúra onde teme ver a beleza.

Ficaria surpreso em saber quantas pessoas acham feio o que Eu acabei de dizer.

Não, não ficaria. Já vi quanto medo *e* quanta feiúra o mundo colocou no sexo. Mas o Senhor realmente me deixa com um monte de perguntas.

Estou aqui para respondê-las. Mas permita-Me continuar um pouco mais com a Minha narrativa antes de começar a fazê-las.

Sim, *por favor.*

Essa... dança *que Eu acabei de descrever, essa interação de energia que expliquei, ocorre o tempo todo — em e com* tudo.

Sua energia — irradiada por você como uma Luz Dourada — está constantemente interagindo com tudo e todos. Quanto mais perto está, mais forte a energia. Quanto mais longe, mais fraca. Contudo, você nunca está totalmente desligado de coisa alguma.

Há um ponto entre Você e todas as outras pessoas, coisas e lugares que existem. É aí que as duas energias se encontram, formando uma terceira unidade de energia, muito menos densa, mas não menos real.

Todas as pessoas e coisas no planeta — e no Universo — emitem energia em todas as direções. Essa energia se mistura a todas as outras energias, entrecruzando-se em padrões de complexidade além da capacidade de seus mais potentes computadores analisarem.

As energias que se entrecruzam e se entrelaçam correndo entre tudo que você pode chamar de físico é o que mantém junto aquilo que é físico.

Isso é a Matriz, da qual falei. É ao longo dela que vocês enviam sinais uns para os outros — mensagens, interpretações, curas e outros efeitos físicos — às vezes criados por indivíduos, mas quase sempre pela consciência coletiva.

Essas inúmeras energias são, como já expliquei, atraídas umas para as outras. Isso é chamado de Lei da Atração. Nessa Lei, o Similar atrai o Similar.

Os Pensamentos Similares atraem Pensamentos Similares ao longo da Matriz — e quando uma quantidade suficiente dessas energias similares, por assim dizer, "se agrupa", elas ficam mais pesadas, desaceleram-se — e tornam-se Matéria.

Os pensamentos realmente *criam forma física — e quando muitas pessoas pensam a* mesma *coisa, há uma grande probabilidade de seus pensamentos formarem uma Realidade.*

(É por isso que "rezaremos para você" é uma afirmação tão poderosa. Os testemunhos da eficácia da oração conjunta dão para encher um livro.)

Também é verdade que pensamentos que não são característicos de orações podem produzir "efeitos". Por exemplo, uma consciência geral de medo, raiva, carência ou insuficiência pode criar essa experiência — em todo o planeta ou no local em que essas idéias coletivas são mais fortes.

A nação da Terra que vocês chamam de Estados Unidos, por exemplo, durante muito tempo considerou-se uma nação "sob a orientação de Deus, indivisível, com liberdade e justiça para todos". Não é coincidência o fato de essa nação ter-se tornado a mais próspera do planeta. Também não é surpreendente o fato de estar pouco a pouco perdendo tudo pelo qual trabalhou tanto para criar — porque parece ter perdido a sua visão.

Os termos "sob a orientação de Deus, indivisível" significaram apenas isso — expressaram a Verdade Universal da União; Unicidade: uma Matriz muito difícil de destruir. Mas a Matriz tem sido enfraquecida. A liberdade religiosa tornou-se virtude religiosa que beira a intolerância religiosa. A liberdade individual, assim como a responsabilidade individual, desapareceu.

A noção de responsabilidade individual *foi distorcida, passando a significar "cada um por si". Essa é a nova filosofia que se imagina voltando à antiga tradição americana de puro individualismo.*

Mas o sentido original de responsabilidade individual no qual a visão americana e o sonho americano se basearam encontrou o seu significado mais profundo e a sua maior expressão no conceito de Amor Fraternal.

O que tornou a América poderosa não foi o fato de todo homem lutar por sua própria *sobrevivência, mas o fato de todo homem aceitar a responsabilidade individual para a sobrevivência de* todos.

A América foi uma nação que não dava as costas para os famintos, nunca dizia não para os necessitados, abria seus braços para os desvalidos e os desabrigados, e partilhava a sua riqueza com o mundo.

Contudo, quando a América tornou-se poderosa, os americanos tornaram-se gananciosos. Não todos, mas muitos. E, com o correr do tempo, cada vez mais.

Quando os americanos viram que era possível *ter mais, tentaram ter cada vez mais. Contudo, havia apenas um modo de ter cada vez mais. Alguém tinha de ter cada vez menos.*

Quando a ganância substituiu a dignidade no caráter americano, passou a não haver lugar para a compaixão pelos menos favorecidos. Foi-lhes dito que era "sua própria culpa" não terem mais. Afinal de contas, a América era a Terra das Oportunidades, não? Ninguém — exceto *os menos favorecidos — achou possível admitir que as oportunidades da América eram limitadas,* institucionalmente, *àqueles que já as tinham tido. Em geral, eles não incluíam muitas minorias, como as de determinada cor de pele ou sexo.*

Os americanos também se tornaram arrogantes internacionalmente. Enquanto milhões de pessoas passavam fome em todo o planeta, eles jogavam fora a cada dia comida suficiente para alimentar nações inteiras. Sim, a América era generosa com alguns — mas cada vez mais sua política internacional passou a ser um reflexo de seus próprios interesses. A América ajudava os outros quando isso lhe era útil. (Isto é, quando interessava à sua estrutura de poder, sua elite, ou aos militares que protegiam essa elite — e suas riquezas acumuladas.)

O antigo ideal americano — o Amor Fraternal — deixou de existir. Agora qualquer conversa sobre ser o "protetor" enfrenta um novo tipo de americanismo — uma mente alerta ao que é preciso para conservar as riquezas acumuladas e uma palavra áspera para os menos favorecidos que ousam perguntar por sua cota justa, suas queixas que não foram atendidas.

Cada pessoa deve *assumir a responsabilidade por si mesma — isso sem dúvida é verdade. Mas a América — e o seu mundo — só pode realmente chegar a um estado de certa perfeição quando todas as pessoas desejarem ser responsáveis por vocês como um* Todo.

Então a Consciência Coletiva produz resultados coletivos.

Exatamente — e isso tem sido repetidamente demonstrado em toda a sua história registrada.

A Matriz é atraída para si mesma — exatamente como seus cientistas descrevem o fenômeno chamado de Buraco Negro. Ela puxa energia similar para energia similar, até mesmo atraindo objetos físicos uns na direção dos outros.

Esses objetos devem então se repelir — afastar-se — *ou se fundirão para sempre — perdendo a sua forma atual e assumindo uma nova forma.*

Todos os seres conscientes sabem intuitivamente disso, e por esse motivo evitam *a Fusão Permanente para manter o seu relacionamento com todos os outros seres. Se não o evitassem, se fundiriam em todos os outros seres, e experimentariam a Unicidade Eterna.*

Esse é o estado de onde viemos.

Tendo-nos afastado desse estado, somos constantemente atraídos de novo para ele.

Esse fluxo e refluxo, esse movimento "para cá e para lá", é o ritmo básico do Universo, e de tudo nele. *Isso é o sexo — A Troca de Energia Sinérgica.*

Vocês estão sendo constantemente atraídos, impelidos, para a união uns com os outros (e com tudo que está na Matriz) e, no Momento da União, evitam por escolha consciente essa União. Sua escolha é permanecer sem ela, para poder experimentá-la. *Porque quando você se torna parte dessa União e* permanece *assim, não pode* conhecê-la *como União, já que não conhece mais a Separação.*

Colocado de outro modo: para Deus conhecer-Se *como a Totalidade, deve conhecer-Se como* não *sendo a Totalidade.*

Em você — e em todas as outras unidades de energia do Universo — Deus Se conhece como Partes *da* Totalidade *— e assim Se dá a possibilidade de conhecer-Se como a* Totalidade de Tudo *em Sua Própria Experiência.*

Eu só posso experimentar o que sou experimentando o que não sou. Contudo, Eu sou *o que não sou — e de tal modo você vê a Dicotomia Divina. Daí, a frase: Eu Sou o que Sou.*

Agora, como Eu disse, esse fluxo e refluxo natural, esse ritmo *natural do Universo, caracteriza toda a vida — inclusive os próprios movimentos que* criam *vida em sua realidade.*

Vocês são impelidos na direção *uns dos outros, como por uma força insistente, apenas para afastar-se e separar-se, ser impelidos novamente na direção uns dos outros, mais uma vez separar-se e de novo, ansiosa e apaixonadamente, procurar a união total.*

Seus corpos dançam juntos-separados, juntos-separados, juntos-separados, em um movimento tão básico e instintivo, *que vocês têm muito pouca consciência da ação deliberada. Em algum ponto tor-*

nam-se automáticos. Ninguém precisa dizer a seus corpos o que fazer. Eles simplesmente o fazem — *com o ímpeto de* toda vida.

Isso é a própria vida, expressando-se como a própria vida.

E isso é a própria vida produzindo nova *vida com a sua própria experiência.*

Toda vida funciona nesse ritmo; toda vida É o ritmo.

E, portanto, toda vida é imbuída do ritmo suave de Deus — que vocês chamam de ciclos vitais.

Os alimentos germinam nesse ritmo. As estações vêm e vão. Os planetas giram e traçam órbitas. Os sóis explodem e implodem, e explodem novamente. Os universos inspiram e expiram. Tudo *isso acontece em ciclos, ritmos e vibrações que correspondem às freqüências de Deus/Deusa — da Totalidade.*

Porque Deus é a Totalidade, e a Deusa é tudo, *e nada mais é; e tudo que* já *existiu, existe* agora e sempre *existirá, é seu mundo infinito.*

Amém.

Capítulo 8

O interessante em conversar com Deus é que o Senhor sempre me deixa com mais perguntas do que respostas. Agora eu tenho perguntas sobre política, assim como sobre sexo!

Alguns dizem que são a mesma coisa, que na política tudo que você sempre faz é...

Espere um minuto! O Senhor não vai dizer uma obscenidade, vai?

Bem, sim... achei que iria chocá-lo um pouco.

Ei! Pare com isso! Deus não deve falar assim!

Então por que vocês falam?

A maioria de nós não fala.

É claro que fala!

As pessoas que são *tementes* a Deus não falam!

Ah, Eu entendo, vocês têm de temer *a Deus para não ofendê-Lo.*

E quem disse que Eu me ofendo *com uma simples palavra?*

E, afinal, você não acha interessante o fato de que uma palavra que alguns empregam no auge da paixão para descrever um ótimo sexo, também usam como o seu maior insulto? Isso não lhe diz nada sobre o modo como vocês se sentem a respeito da sexualidade?

Eu acho que o Senhor confundiu as coisas. Não creio que as pessoas usem esse termo para descrever um momento sexual glorioso e realmente romântico.

Ah, não? Você tem entrado em algum quarto ultimamente?

Não. O Senhor tem?

Eu estou em todos *eles — o tempo todo.*

Bem, isso deveria fazer com que nos sentíssemos à vontade...

O quê? Está dizendo que vocês fazem coisas em seus quartos que não fariam na Minha frente?

A maioria das pessoas não se sente à vontade com *ninguém* observando, muito menos Deus.

Contudo, em algumas culturas — aborígines, polinésias — o sexo é praticado abertamente.

Sim, bem... a maioria das pessoas não chegou a esse nível de liberdade. De fato, elas considerariam esse comportamento regressão — a um estado primitivo, pagão.

Essas pessoas que você chama de "pagãs" têm um grande respeito pela vida. Desconhecem o estupro, e praticamente não há assassinatos em suas sociedades. Sua sociedade torna o sexo — uma função humana muito natural e normal — uma coisa oculta, e depois mata as pessoas abertamente. Isso *é obscenidade!*

Vocês tornaram o sexo tão sujo e vergonhoso — um tabu — que ficam constrangidos ao praticá-lo!

Isso é besteira. A maioria das pessoas simplesmente tem um senso de propriedade diferente — poder-se-ia dizer que maior — em relação ao sexo. Elas o consideram uma interação particular; para algumas, é uma parte sagrada de seu relacionamento.

Falta de privacidade não é o mesmo que falta de santidade. A maioria dos ritos mais sagrados da humanidade são realizados em público.

Não confunda privacidade com santidade. Quase todos os seus piores *atos são realizados em particular, e vocês reservam apenas os seus melhores comportamentos para ser mostrados em público.*

Isso não é uma defesa do sexo público; é meramente uma observação de que privacidade não é necessariamente o mesmo que santidade — e que a publicidade não a rouba de você.

Quanto à propriedade, essa palavra e o conceito comportamental por trás dela fizeram mais para acabar com as maiores alegrias de homens e mulheres do que qualquer outra construção humana — exceto a idéia de que Deus é castigador — que completou o trabalho.

Aparentemente, o Senhor não acredita em propriedade.

O problema com a "propriedade" é que alguém tem de estabelecer os padrões. O que significa, automaticamente, que seus comporta-

mentos são limitados, dirigidos, ditados pela idéia de outra pessoa do que lhe traria alegria.

No tocante à sexualidade — e a todas as outras coisas — isso pode ser mais do que "limitador", pode ser devastador.

Eu não consigo pensar em nada mais triste do que um homem ou uma mulher achando que gostariam *de experimentar algo, e depois se contendo por achar que aquilo com que sonharam, que fantasiaram, iria contra os "Padrões de Propriedade"!*

Note bem, isso não é algo que eles *não fariam — é apenas algo que consideram "inadequado".*

Não apenas no que diz respeito à sexualidade, como em toda a vida, nunca deixe de fazer algo apenas porque poderia ir contra os padrões de propriedade de outra pessoa.

Se eu tivesse um adesivo em meu carro, estaria escrito nele:

REJEITE OS PADRÕES DE PROPRIEDADE

Eu certamente colocaria um aviso assim em todos os quartos.

Mas o nosso conceito de "certo" e "errado" é o que mantém a sociedade unida. Como podemos viver em comum se não chegarmos a um acordo sobre isso?

"Propriedade" não tem nada que ver com os seus valores relativos de "certo" ou "errado". Todos vocês poderiam concordar em que é "errado" matar um homem, mas é "errado" correr nu na chuva? Poderiam concordar em que é "errado" possuir a mulher do próximo, mas é "errado" "possuir" a própria mulher — ou fazê-la "possuí-lo" de um modo delicioso?

"Propriedade" raramente se refere a limitações legais, mas freqüentemente a questões mais simples do que é considerado "adequado".

O comportamento "adequado" nem sempre é aquele que, como vocês dizem, é do seu "maior interesse". Raramente é o comportamento que lhe traz mais alegria.

Voltando à sexualidade, então o Senhor está dizendo que qualquer comportamento é aceitável, desde que haja consentimento mútuo de todos os envolvidos e afetados?

Isso não deveria ser verdadeiro no que diz respeito a toda a vida?

Mas às vezes nós não sabemos quem será afetado, ou como...

Você deve ser sensível a isso. Deve ficar muito consciente. E quando não puder realmente saber, e imaginar, deve ficar do lado do Amor.

A principal pergunta em QUALQUER decisão é: "O que o amor faria agora?" *Amor por si mesmo, e por todos os afetados ou envolvidos.*

Se você amar uma pessoa, não fará nada que ache que poderia prejudicá-la. Se houver alguma dúvida, esperará até ter certeza.

Mas isso significa que as outras pessoas podem "controlá-lo". Tudo que têm de dizer é que uma determinada coisa as "prejudicaria", e seus atos serão limitados.

Apenas pelo seu Eu. Você não desejaria *limitar os seus próprios atos aos que não prejudicam as pessoas que ama?*

Mas e se *você* se sentir prejudicado por *não* fazer alguma coisa?

Então deve dizer à pessoa amada a sua verdade — que está se sentindo prejudicado, frustrado, limitado por não fazer uma determinada coisa; que gostaria de fazê-la, que ela concordasse em que a fizesse.

Você deve tentar esse acordo. Tente chegar a um meio-termo, uma linha de conduta que permita que todos saiam ganhando.

E se essa linha de conduta não puder ser encontrada?

Então Eu repetirei o que já disse:

Trair
a si mesmo
para não trair
outra pessoa
é,
apesar disso,
Traição.
A
Maior Traição.

Seu Shakespeare disse isso de outro modo:

Para seres verdadeiro,
É certo que, como a noite segue-se ao dia,
Não podes ser desleal
Com nenhum homem.

Mas o homem que sempre faz o que quer torna-se muito egoísta. Não acredito que o Senhor defenda essa atitude.

Você presume que o homem sempre fará o que chama de "escolha egoísta". Eu lhe digo que ele é capaz de fazer a melhor escolha.

Mas Eu também lhe digo que:

A Melhor Escolha nem sempre *é a escolha que parece ser boa para outra pessoa.*

Em outras palavras, às vezes temos de nos colocar em primeiro lugar.

Ah, vocês sempre devem se colocar em primeiro lugar! Então, dependendo do que estiverem tentando fazer — ou experimentar — farão as suas escolhas.

Quando seus objetivos — de vida — *são muito elevados, suas escolhas também serão.*

Colocar-se em primeiro lugar não significa ser o que você chama de "egoísta" — mas ter consciência de si mesmo.

O Senhor trata dos assuntos humanos com muita benevolência.

É apenas através do exercício da maior liberdade que é conseguido — ou até mesmo possível — o maior crescimento.

Se tudo que você faz é seguir as regras de outra pessoa, *então não cresceu, obedeceu.*

Ao contrário do que você imagina, Eu não desejo a sua obediência. Obediência não é crescimento, e o que Eu desejo é crescimento.

E se nós não "crescermos", o Senhor nos atirará no inferno, certo?

Errado. Mas Eu discuti isso no Livro I, e nós o discutiremos detalhadamente no Livro III.

Está bem. Então, dentro desses amplos parâmetros que o Senhor estabeleceu, posso fazer algumas últimas perguntas sobre o sexo antes de mudarmos de assunto?

Vá em frente.

Se o sexo é uma parte tão maravilhosa da experiência humana, por que tantos mestres espirituais pregam a abstinência? E por que tantos mestres foram aparentemente celibatários?

Pelo mesmo motivo pelo qual quase todos eles têm sido descritos como pessoas que levam uma vida simples. Aqueles que atingiram um alto nível de compreensão colocam seus desejos carnais em equilíbrio com suas mentes e almas.

Vocês são seres de três partes e a maioria das pessoas se experimenta como um corpo. Até mesmo a mente é esquecida depois dos 30 anos. Ninguém lê mais. Ninguém escreve. Ninguém ensina. Ninguém aprende. A mente é esquecida. Não é alimentada. Não é expandida. Nada lhe é acrescentado. O mínimo lhe é exigido. A mente não é estimulada. Não é despertada. É aquietada. Embotada. Vocês fazem tudo que podem para torná-la ociosa. Televisão, filmes, revistas sensacionalistas. Seja o que for que fizerem, não pensam, não pensam, não pensam!

Portanto, a maioria das pessoas leva a vida em um nível carnal. Alimenta e veste o corpo, enche-o de "porcarias". Elas não lêem um bom livro — quero dizer, um livro com o qual possam aprender *algo — há anos. Mas sabem toda a programação semanal da televisão. Há algo de muito triste nisso.*

A verdade é que a maioria das pessoas não quer ter de pensar. Elas elegem líderes, apóiam governos, adotam religiões que não exigem um pensamento independente.

"Facilite as coisas para mim. Diga-me o que fazer."

A maioria das pessoas quer isso. Onde eu me sento? Onde fico? Como deveria cumprimentar? Quando eu pago? O que você quer que eu faça?

Quais são as regras? Quais são os meus limites? Diga-me, diga-me, diga-me. Eu farei isso — alguém apenas me diga!

Então elas ficam desgostosas, desiludidas. Seguiram todas as regras, fizeram o que lhes foi ordenado. O que deu errado? Por que isso se tornou desagradável? Por que não deu certo?

Deixou de dar certo no momento em que elas abandonaram as suas mentes — as melhores ferramentas criativas que já tiveram.

É hora de você reconciliar-se com a sua mente. Seja um companheiro para ela, que tem se sentido muito só. Alimente-a — ela tem estado faminta.

Alguns de vocês — uma pequena minoria — compreenderam que têm um corpo e uma mente. Trataram bem de suas mentes. Ainda assim, mesmo entre os que respeitam suas mentes — e as coisas da mente — poucos aprenderam a usar mais de um terço da sua capacidade. Se soubessem do que suas mentes são capazes, nunca parariam de partilhar suas maravilhas — e seus poderes.

E se você acha pequeno o número de pessoas que põe em equilíbrio em sua vida corpo e mente, o número que se vê como um ser de três partes — Corpo, Mente e Espírito — é mínimo.

Contudo, vocês são seres de três partes. Você é mais do que seu corpo, e mais do que um corpo com uma mente.

Você está cuidando da sua alma? Está ao menos notando-a? *Está curando-a ou ferindo-a? Está crescendo ou diminuindo? Está se expandindo ou restringindo?*

Sua alma está tão solitária quanto a sua mente? É ainda mais negligenciada? Quando foi a última vez que você sentiu que sua alma estava sendo manifestada? *Que chorou de alegria? Escreveu poesia? Compôs música? Dançou na chuva? Assou uma torta? Pintou* alguma coisa? *Consertou algo que estava quebrado? Beijou um bebê? Encostou um gato em seu rosto? Subiu uma colina? Nadou nu? Caminhou durante o pôr-do-sol? Tocou harmônica? Conversou até de madruga-*

da? Fez amor durante horas... em uma praia, no bosque? Harmonizou-se com a natureza? Procurou Deus?

Quando foi a última vez que você se sentou sozinho em silêncio, viajando para a parte mais profunda de seu ser? Quando foi a última vez que disse olá para a sua alma?

Quando você vive como uma criatura de uma só faceta, preocupa-se muito com os assuntos do corpo. Dinheiro. Sexo. Poder. Bens materiais. Estimulações físicas e satisfações. Segurança. Fama. Ganho financeiro.

Quando você vive como uma criatura de duas facetas, também se preocupa com os assuntos da mente. Companheirismo. Criatividade. Estimulação de novos pensamentos, novas idéias. Criação de novos objetivos, novos desafios. Crescimento pessoal.

Quando você vive como um ser de três partes, finalmente fica em equilíbrio consigo mesmo. Suas preocupações incluem assuntos da alma. Identidade espiritual. Objetivo de vida. Relacionamento com Deus. Caminho para a evolução. Crescimento espiritual. Destino final.

Quando você evolui para estados de consciência cada vez mais elevados, realiza plenamente todos os aspectos de seu ser.

Evoluir não significa desistir *de alguns aspectos do Eu a favor de outros. Significa simplesmente ampliar o foco; evitar o envolvimento quase exclusivo com um aspecto e reconhecer e amar genuinamente* todos *os aspectos.*

Então por que tantos mestres defendem uma completa abstinência do sexo?

Porque eles não acreditam que os seres humanos podem chegar a um equilíbrio. Acreditam que a energia sexual — e as energias que cercam outras experiências mundanas — é forte demais para ser contida; para produzir equilíbrio. Acreditam que a abstinência é o único caminho *para a evolução espiritual, em vez de apenas um possível* resultado *dela.*

Mas não é verdade que alguns seres muito evoluídos "desistiram do sexo"?

Não no sentido clássico da palavra "desistir". Isso não é uma renúncia a algo que você ainda deseja mas sabe que "não é bom ter". É mais uma sensação de saciedade — como quando não repete a sobremesa. Não porque a sobremesa não é boa. Nem mesmo porque não é boa para você. *Mas simplesmente porque, embora tenha sido ótima, você está satisfeito.*

Quando você consegue diminuir o seu envolvimento com o sexo por esse motivo, pode desejar fazer isso. Como não desejar. Pode nunca decidir que está "satisfeito" e sempre querer essa experiência, em equilíbrio com as outras experiências da sua Vida.

Não há nada de errado em agir assim. As pessoas sexualmente ativas não são menos qualificadas para a iluminação, menos evoluídas espiritualmente, do que as sexualmente inativas. O que a iluminação e a evolução realmente *o fazem abandonar é o seu* vício *em sexo, sua profunda necessidade de ter a experiência, seus comportamentos compulsivos.*

Do mesmo modo, sua preocupação *com dinheiro, poder, segurança, bens materiais e outras experiências do corpo desaparecerá. Contudo, continuará a* apreciá-las, *e* deveria *apreciar. A apreciação* de toda *a vida é o que glorifica o Processo que Eu criei. O desdém pela vida ou qualquer um de seus prazeres — até mesmo os mais básicos e físicos — é desdém por* Mim, *o Criador.*

Porque quando você diz que a Minha criação é pecaminosa, do que está Me chamando? Contudo, quando diz que a Minha criação é sagrada, santifica a sua experiência com relação a ela, e também a Mim.

Eu lhe digo que não criei nada *desdenhosamente — e, como seu Shakespeare disse,* nada *é "pecado", a menos que o seu pensamento o faça ser.*

Isso me leva a algumas perguntas finais sobre o sexo. Qualquer tipo de sexo praticado por adultos por livre e espontânea vontade é aprovado por Deus?

Sim.

Até mesmo o sexo "depravado"? Sem amor? As relações homossexuais?

Em primeiro lugar, vamos deixar claro mais uma vez que nada é desaprovado por Deus.

Eu não me sento aqui e fico julgando, dizendo que uma ação é Boa *e outra é* Má.

(Como você sabe, Eu falei um pouco sobre isso no Livro I.)

Agora, dentro do contexto do que lhe serve — ou não — em seu Caminho de Evolução, só você *pode saber.*

Contudo, há um ponto em que a maioria das almas evoluídas concorda.

Nenhum ato que prejudica outra pessoa leva à rápida evolução.

Também há um segundo ponto.

Nenhum ato que envolve outra pessoa pode ser realizado sem o seu consentimento e sem a sua permissão.

Agora, vamos responder às perguntas que você acabou de fazer dentro do contexto dessas diretrizes.

Sexo "depravado"? Se não prejudicar a ninguém, e for feito com a permissão dos envolvidos, que motivo alguém teria para considerá-lo "errado"?

Sexo sem amor? O sexo "sem compromisso" é debatido desde o início dos tempos. Sempre que ouço essa pergunta, penso que gostaria de algum dia entrar em uma sala cheia de pessoas e dizer: "Se houver alguém aqui que nunca teve sexo fora de um relacionamento amoroso profundo e duradouro, que erga a mão."

Deixe-me apenas dizer que nada sem amor é o caminho mais rápido para a Deusa.

Se for sexo sem amor ou espaguete e almôndegas sem amor, se você preparou o banquete e o consumiu sem amor, está perdendo a parte mais extraordinária da experiência.

É errado perder isso? Aqui, mais uma vez, "errado" pode não ser a palavra exata. "Desvantajoso" seria melhor, dado o seu desejo de tornar-se o mais rapidamente possível um ser espiritual superior.

Sexo homossexual? Tantas pessoas querem dizer que Eu sou contra a homossexualidade — ou o seu exercício. Contudo, Eu não julgo essa escolha de vocês, ou qualquer outra.

As pessoas querem fazer todos os tipos de julgamentos de valor — sobre tudo — e Eu estrago a festa. Não quero juntar-me a elas nesses julgamentos, o que é especialmente desconcertante para aqueles que dizem que Eu os originei.

Eu realmente observo que houve um tempo em que as pessoas pensavam que o casamento entre raças diferentes não era só desaconselhável, mas contra a lei de Deus. (Surpreendentemente, algumas ainda pensam isso.) Elas viam as suas Bíblias como as suas fontes autorizadas — como fazem a respeito de questões que cercam a homossexualidade.

O Senhor quer dizer que pessoas de raças diferentes podem se unir pelo casamento?

A pergunta é absurda, mas nem de perto tão absurda como a certeza de alguns de que a resposta é "não".

As perguntas sobre a homossexualidade são igualmente absurdas?

Você é quem decide. Eu não tenho um julgamento sobre isso, ou coisa alguma. *Sei que vocês gostariam que Eu tivesse. Isso tornaria as suas vidas muito mais fáceis. Sem decisões a tomar. Decisões difíceis. Tudo seria decidido para vocês. Não teriam de fazer nada além de obedecer. Isso não seria bem uma vida, pelo menos em termos de criatividade e poder pessoal, mas por outro lado... não haveria estresse.*

Deixe-me fazer-Lhe algumas perguntas sobre sexo e filhos. Em que idade é apropriado permitir às crianças tornarem-se conscientes da sexualidade como uma experiência de vida?

As crianças têm consciência de si mesmas como seres sexuais — o que quer dizer, como seres humanos *— desde o início de suas vidas. O que muitos pais em seu planeta fazem agora é tentar não estimulá-las a perceber isso. Se a mão de um bebê vai para o "lugar errado", vocês a tiram dali. Se uma criança pequena começa a encontrar momentos de satisfação sexual no prazer inocente proporcionado por seu próprio corpo, vocês reagem horrorizados, e passam essa sensação de horror para ela. A criança se pergunta: o que fiz, o que fiz? Mamãe está furiosa. O que fiz?*

Com a sua raça de seres, isso não tem sido uma questão de quando vocês tornam o sexo conhecido para os seus filhos, mas de quando param de exigir que eles neguem as suas próprias identidades como seres sexuais. Quando seus filhos têm entre 12 e 17 anos, a maioria de vocês já deixou de exigi-lo e diz basicamente (embora naturalmente não com palavras — vocês não falam sobre essas coisas): "Está bem, agora vocês podem notar que têm partes sexuais e coisas sexuais a fazer com elas."

Contudo, a essa altura o mal já foi feito. Durante dez anos ou mais seus filhos aprenderam que deviam sentir vergonha *dessas partes do corpo. Alguns nem mesmo sabem o* nome *certo delas. Ouvem desde algo como "bumbum" para suas nádegas a palavras que alguns de vocês se esforçam para inventar — para evitar dizer simplesmente "pênis" ou "vagina".*

Tendo assim ficado muito claro que todas as coisas relacionadas com aquelas *partes do corpo devem ser escondidas, não mencionadas e negadas, seus filhos entram na puberdade sem saber o que fazer com o que está acontecendo com eles. Não tiveram preparação alguma. Então é claro que se portam mal, reagindo a suas novas e mais prementes necessidades de modo desastrado, se não impróprio.*

Isso não é necessário e nem útil para seus filhos, muitos dos quais entram em suas vidas adultas com tabus sexuais, inibições e grandes bloqueios.

Nas sociedades iluminadas, os filhos nunca são desencorajados, repreendidos ou "corrigidos" quando começam cedo a encontrar prazer nas naturezas de seus próprios seres. Tampouco a sexualidade de seus pais — isto é, a identidade *de seus pais como seres sexuais — é evitada ou necessariamente oculta. Os corpos nus dos pais, dos filhos ou dos seus irmãos são vistos e tratados como sendo totalmente naturais e maravilhosos — não como coisas de que devem se envergonhar.*

As funções sexuais também são vistas como sendo totalmente naturais e maravilhosas.

Em algumas sociedades, os pais copulam na frente de seus filhos — e o que poderia dar-lhes uma idéia melhor da beleza, da maravilha e da pura alegria da expressão sexual do amor do que isso? Porque os pais estão constantemente ditando os padrões de "certo" e "errado" de todos *os comportamentos, e os filhos captam seus sinais sutis e não tão sutis de* tudo *através do que os vêem pensando, dizendo e fazendo.*

Como já foi observado, você pode chamar essas sociedades de "pagãs" ou "primitivas", contudo nelas o estupro e os crimes passionais praticamente não existem, a prostituição é ridicularizada como sendo absurda e não se houve falar em inibições e disfunções sexuais.

Embora essa abertura não seja recomendada neste exato momento para a sua própria sociedade (em todos os ambientes, exceto nos mais extraordinários, sem dúvida seria muito estigmatizadora culturalmente), é hora das assim chamadas civilizações modernas de seu planeta fazerem algo para acabar com a repressão, a culpa e a vergonha que freqüentemente cercam e caracterizam a totalidade da expressão e a experiência sexual de sua sociedade.

O Senhor tem alguma sugestão? Alguma idéia?

Parem de ensinar a seus filhos desde o início de suas vidas que as coisas relacionadas com o funcionamento muito natural de seus corpos são vergonhosas e erradas. Parem de demonstrar-lhes que tudo que é sexual deve ser escondido. Permitam-lhes ver e observar o lado romântico de vocês. *Deixem-nos vê-los abraçando-se, tocando-se e acariciando-se suavemente — ver que seus pais* se amam *e que* demonstrar o seu amor fisicamente *é algo muito natural e maravilhoso. (Você ficaria surpreso em saber em quantas famílias essa simples lição nunca foi ensinada.)*

Quando seus filhos começam a ter as suas sensações, curiosidades e necessidades sexuais, façam com que eles liguem essa nova e abran-

gente experiência de si mesmos a uma sensação interior de alegria e celebração, não de culpa e vergonha.

E por favor, parem de esconder seus corpos *de seus filhos. Não há mal algum em que eles os vejam nadando nus em um poço de rio ou na piscina do pátio dos fundos; não fiquem em estado de choque se eles os virem indo do quarto para o banheiro sem roupões; parem com essa enorme necessidade de se cobrir, evitar todas as oportunidades, embora inocentes, de se mostrar para seus filhos como seres com suas próprias identidades sexuais. As crianças acham que seus pais são assexuados porque eles se* mostraram assim. *Então imaginam que* elas *devem ser assim, porque todas as crianças imitam seus pais. (Os terapeutas dizem que alguns filhos adultos têm, até hoje, muita dificuldade em imaginar seus pais "fazendo aquilo", o que, é claro, enche esses filhos — agora seus pacientes — de raiva, culpa ou vergonha, porque naturalmente desejam fazê-lo, e se perguntam o que há de errado com eles.)*

Então falem sobre sexo com seus filhos, riam do sexo com seus filhos, ensinem, permitam, lembrem e mostrem a eles como celebrar a sua sexualidade. É isso *que vocês podem fazer por seus filhos. E façam-no desde o dia em que nascerem, com o primeiro beijo, o primeiro abraço e o primeiro carinho que receberem de vocês, e que os virem recebendo de seus parceiros.*

Obrigado. *Obrigado.* Eu tinha muitas esperanças de que o Senhor trouxesse um pouco de *sanidade* para esse tema. Mas tenho uma última pergunta. Quando é apropriado discutir especificamente a sexualidade com os seus filhos?

Eles lhes dirão quando chegar a hora. Cada criança deixará isso claro, se vocês realmente estiverem atentos. De fato, esse é um processo gradual. E vocês saberão o modo apropriado para a idade de seus filhos de lidar com o desenvolvimento da sexualidade, se tiverem acabado com os seus próprios "bloqueios" em relação a ela.

Como fazemos isso?

Façam o que é preciso. Participem de um seminário. Vão a um terapeuta. Juntem-se a um grupo. Leiam um livro. Meditem sobre ele. Descubram uns aos outros — acima de tudo, descubram novamente uns aos outros *como homens e mulheres: reexaminem, recuperem e reclamem as suas* próprias *sexualidades. Celebrem* isso. *Apreciem* isso. *Admitam* isso.

Admitam com alegria as suas próprias sexualidades, e então poderão incentivar seus filhos a admitir as deles.

Mais uma vez, obrigado. E agora, deixando de lado as considerações sobre os filhos e voltando ao tema mais amplo da sexualidade humana, eu tenho mais uma pergunta para Lhe fazer. E ela pode parecer frívola e até mesmo desrespeitosa, mas não posso deixar este diálogo terminar sem fazê-la.

Bem, pare de se desculpar e apenas faça a pergunta.

Está bem. O sexo pode ser "excessivo"?

Não. É claro que não. Mas a necessidade de sexo pode ser excessiva. Eu sugiro que:

Desfrute de tudo.
Não necessite de coisa alguma.

Inclusive das pessoas?

Inclusive das pessoas. Especialmente delas. *Necessitar de alguém é o modo mais rápido de acabar com um relacionamento.*

Mas todos nós gostamos de nos sentir necessários.

Então parem de gostar. Em vez disso, gostem de se sentir desnecessários — porque a maior dádiva que você pode conceder a alguém é a força e o poder para não necessitar de você, para nada.

Capítulo 9

Muito bem, eu estou pronto para seguir em frente. O Senhor prometeu falar sobre alguns dos aspectos mais amplos da vida na Terra, e desde os Seus comentários sobre a vida nos Estados Unidos eu tenho desejado conversar mais sobre isso.

Ótimo. Quero que o Livro II trate de alguns dos maiores problemas enfrentados pelo seu planeta. E não há um problema maior do que a educação de seus filhos.

Nós não estamos nos saindo bem, não é? Posso dizer pelo modo como o Senhor tocou nesse assunto.

Bem, é claro que tudo é relativo. Em relação ao que vocês dizem que estão tentando fazer, não.

Tudo que Eu digo aqui, que incluí nesta discussão até agora e foi posto neste documento, deve ser colocado dentro desse contexto. Não estou fazendo julgamentos de "certo" ou "errado", "bom" ou "ruim". Simplesmente faço observações sobre sua eficiência em relação ao que vocês dizem que estão tentando fazer.

Eu compreendo.

Sei que você diz que compreende, mas chegará o momento — antes mesmo de este diálogo terminar — em que Me acusará de ser juiz.

Eu nunca acusaria o Senhor de ser juiz. Sei que não devo fazer isso.

"Saber que não devia fazer isso" nunca impediu a raça humana de Me chamar de juiz no passado.

Bem, me impedirá.

Veremos.

O Senhor queria falar sobre educação.

De fato. Noto que a maioria de vocês entendeu mal o significado, o objetivo e a função da educação, para não falar no melhor processo pelo qual é realizada.

Essa é uma afirmação estranha, e preciso de ajuda para compreendê-la.

A maior parte da raça humana decidiu que o significado, o objetivo e a função da educação é fornecer conhecimento — em geral, o conhecimento acumulado da família, do clã, da tribo, da sociedade, da nação e do mundo da pessoa.

Contudo, a educação tem muito pouco que ver com o conhecimento.

É mesmo? Eu poderia jurar que tinha tudo que ver.

Sei disso muito bem.

Então tem que ver com o quê?

Com a sabedoria.

Sabedoria.

Sim.

Está bem. Eu desisto. Qual é a diferença?

Sabedoria é conhecimento aplicado.

Então não devemos tentar dar a nossos filhos conhecimento, mas sabedoria.

Em primeiro lugar, não "tente" fazer coisa alguma. Faça. *Em segundo, não ignore o conhecimento a favor da sabedoria. Isso seria fatal. Por outro lado, não ignore a sabedoria a favor do conhecimento. Isso também seria fatal. Acabaria com a educação. Em seu planeta, isso* está *acabando com ela.*

Estamos ignorando a sabedoria a favor do conhecimento?

Na maioria das vezes, sim.

Como estamos fazendo isso?

Vocês estão ensinando a seus filhos em que pensar, em vez de ensiná-los a pensar.

Por favor, explique.

Quando vocês transmitem a seus filhos conhecimento, estão lhes dizendo em que pensar. Isto é, o que supõem que eles devem saber, o que querem que compreendam que é verdadeiro.

Quando vocês transmitem a seus filhos sabedoria, não lhes dizem o que saber, ou o que é verdadeiro, mas como chegar às suas próprias verdades.

Mas sem conhecimento não pode haver sabedoria.

Concordo. É por isso que Eu disse que você não pode ignorar o conhecimento a favor da sabedoria. É óbvio que uma certa quantidade de conhecimento deve ser passada de uma geração para outra. Mas a mínima quantidade possível. Quanto menos, melhor.

Deixe a criança descobrir por si mesma. Saiba que o conhecimento é perdido. A sabedoria nunca é esquecida.

Então nossas escolas deveriam ensinar o mínimo possível?

Elas deveriam mudar seu enfoque. Até agora se concentraram muito no conhecimento, dando pouca atenção à sabedoria. Muitos pais consideram ameaçadoras as aulas que desenvolvem o pensamento crítico, a solução de problemas e a lógica. Desejam que essas aulas deixem de fazer parte do curriculum, *para proteger o seu estilo de vida. Porque as crianças que podem desenvolver os seus próprios processos de pensamento crítico tendem a* abandonar *os princípios morais, os padrões e todo o estilo de vida dos pais.*

Para proteger o seu estilo de vida, vocês criaram um sistema educacional baseado no desenvolvimento da memória, não das ha-

bilidades da criança. Elas aprendem a se lembrar *de fatos e histórias inventadas — as histórias que todas as sociedades inventaram sobre si mesmas — em vez de desenvolver a habilidade para descobrir e criar as suas próprias verdades.*

Os programas que fazem as crianças desenvolverem as habilidades *em vez da memória são bastante ridicularizados por aqueles que imaginam que sabem o que uma criança precisa aprender. Contudo, o que vocês têm ensinado a seus filhos levou o seu mundo* em direção *à ignorância, não para longe dela.*

Nossas escolas não ensinam histórias inventadas, ensinam fatos.

Agora você está mentindo para si mesmo, como vocês mentem para seus filhos.

Nós mentimos para nossos filhos?

É claro que sim. Pegue qualquer livro de História e veja. Suas histórias são escritas por pessoas que querem que seus filhos vejam o mundo de um determinado ponto de vista. Qualquer tentativa de expandir os relatos históricos com uma visão mais ampla dos fatos é ridicularizada e chamada de "revisionista". Vocês não dizem a verdade sobre seu passado para seus filhos, para que eles não os vejam como realmente são.

A maior parte da História é escrita do ponto de vista do segmento da sociedade que vocês chamariam de homens protestantes anglo-saxões. Quando as mulheres, os negros ou outras minorias dizem: "Ei, esperem um minuto. Não é assim que aconteceu. Vocês deixaram muita coisa de fora aqui", vocês protestam e exigem que os "revisionistas" parem de tentar mudar os seus livros escolares. Não *querem que seus filhos saibam como* realmente *aconteceu. Querem que saibam como vocês* justificaram *o que aconteceu. Posso lhe dar um exemplo disso?*

Sim, por favor.

Nos Estados Unidos, vocês não ensinam a seus filhos tudo que há para saber sobre a decisão de seu país de atirar bombas atômicas em duas cidades japonesas, matando ou mutilando centenas de milhares de pessoas. Em vez disso, fornecem-lhes os fatos como os vêem — e como querem que eles os vejam.

Quando é feita uma tentativa de equilibrar esse ponto de vista com o ponto de vista de outras pessoas — nesse caso, dos japoneses — vocês se enfurecem, esbravejam e exigem que as escolas não ousem *sequer* pensar *em apresentar esses dados em seu relato histórico desse importante evento. Portanto, vocês não têm ensinado História, mas Política.*

A História deve ser um relato preciso e completo do que realmente aconteceu. A Política nunca se refere ao que realmente aconteceu. É sempre o ponto de vista *de alguém sobre o que aconteceu.*

A História revela; a Política justifica. A História descobre; conta tudo. A Política encobre; conta apenas um lado da questão.

Os políticos odeiam a História fiel. E a História fiel também não gosta muito dos políticos.

Contudo, vocês estão usando as Roupas Novas do Imperador, porque seus filhos, em última análise, vêem através de vocês. Os filhos que aprendem a pensar criticamente olham para a sua História e dizem: "Puxa vida, como meus pais e as pessoas mais velhas se enganaram!" Isso vocês não podem tolerar, e então evitam o pensamento crítico deles. Não querem que seus filhos conheçam os fatos mais básicos. Querem que aceitem a sua *versão dos fatos.*

Eu acho que o Senhor está exagerando aqui. Acredito que levou isso um pouco longe.

É mesmo? A maioria das pessoas em sua sociedade nem mesmo quer que seus filhos conheçam os fatos mais básicos da vida. *Elas ficaram indignadas quando as escolas começaram a ensinar às crianças como o corpo humano funciona. Agora vocês não devem dizer às crianças como a AIDS é transmitida, ou como* evitar *que o seja. A menos, é claro, que lhes digam de um determinado* ponto de vista *como evitar a AIDS. Então, tudo bem. Mas simplesmente colocá-las a par dos fatos, e deixá-las decidir por si mesmas? De forma alguma.*

As crianças não estão prontas para decidir essas coisas por si mesmas. Têm de ser devidamente orientadas.

Você tem olhado para o seu mundo ultimamente?

O que é que tem ele?

É um reflexo de como vocês orientaram seus filhos no passado.

Não, é um reflexo de como nós os orientamos *mal.* Se o mundo está em péssima situação hoje em dia — e de muitos modos está — não é porque nós tentamos ensinar a nossos filhos os *antigos* valores, mas porque permitimos que eles aprendessem todas essas "coisas modernas"!

Você realmente acredita nisso, não é?

O Senhor está certo, realmente acredito! Se tivéssemos nos limitado a ensinar nossos filhos a ler, escrever e fazer contas, em vez de termos desenvolvido neles todo esse "pensamento crítico", estaríamos muito melhor hoje em dia. Se tivéssemos mantido a chamada "educação sexual" fora das salas de aula e no lar, como deveria ser, não veríamos adolescentes tendo bebês, mães solteiras com 17 anos dependendo da beneficência social e um mundo violento. Se tivéssemos insistido em que nossos jovens vivessem de acordo com os *nossos* padrões morais, em vez de deixá-los criar os seus próprios, não teríamos transformado a nossa nação, um dia forte e vibrante, em uma feia imitação do que era antes.

Eu entendo.

E mais uma coisa. Não me diga que devemos subitamente considerar "errado" o que fizemos em Hiroshima e Nagasaki. Pelo amor de Deus! Nós *acabamos com a guerra!* Salvamos milhares de vida. De *ambos* os lados. Esse foi o preço da guerra. Ninguém gostou da decisão, mas ela teve de ser tomada.

Eu entendo.

Sim, entende. O Senhor é como todos aqueles comunistas *el pinko*! Quer que a nossa História seja revista. Que deixemos de existir. Então vocês, liberais, poderão finalmente ter vez, controlar o mundo, criar suas sociedades decadentes e redistribuir a riqueza. *Dar poder ao povo*, e todas essas besteiras. Só que isso nunca nos levou a parte alguma. O que precisamos é de uma volta ao passado; aos valores de nossos ancestrais. É disso que precisamos!

Já acabou?

Sim. Como me saí?

Muito bem. Foi realmente bom.

Quando a gente houve debates no rádio durante alguns anos, isso se torna muito fácil.

É assim que as pessoas em seu planeta pensam, não é?

Pode apostar que sim. E não só na América. Quero dizer, poder-se-ia mudar o nome do país e da guerra; inserir uma ofensiva militar de qualquer nação em qualquer momento da História. Não importa. Todos pensam que estão certos. Sabem que é o *outro* que está errado. Substitua por Berlim. Ou pela Bósnia.

Todos também sabem que os antigos valores são os que deram certo. Que o mundo está se transformando em um inferno. Não só na América. Em todos os lugares. Há em todo o planeta um clamor público por uma volta aos antigos valores e ao nacionalismo.

Eu sei que há.

E o que eu fiz aqui foi tentar expressar esse sentimento, essa preocupação e essa indignação.

Você fez um bom trabalho. Quase Me convenceu.

O que o Senhor diz daqueles que realmente pensam assim?

Eu digo, vocês realmente acham que as coisas eram melhores 30, 40, 50 anos atrás? Digo que a sua memória é curta. Vocês se lembram do que era bom, e não do que era ruim. Isso é natural, normal. Mas não se enganem. Tenham um pensamento crítico, *e não apenas* memorizem *o que as outras pessoas querem que pensem.*

Para continuar com o nosso exemplo, você acha mesmo que foi necessário jogar a bomba atômica em Hiroshima? O que os historiadores americanos dizem sobre os muitos relatos, das pessoas que afirmam saber melhor o que realmente aconteceu, de que o Império Japonês tinha secretamente revelado aos Estados Unidos o seu desejo de que a guerra terminasse antes *de a bomba ser jogada? Que papel teve a vingança pelo horror de Pearl Harbor na decisão de jogar a bomba? E, se você aceitar que foi necessário jogar a bomba em Hiroshima, por que foi necessário jogar uma segunda bomba?*

É claro que o seu próprio relato de tudo isso poderia estar correto. O ponto de vista americano poderia ser o modo como de fato aconteceu. Não é isso que é importante nesta discussão. O que é importante aqui é que o seu sistema educacional não permite um pensamento crítico sobre essas questões — ou sobre muitas outras.

Você pode imaginar o que aconteceria com um professor de Estudos Sociais ou de História em Iowa que fizesse a uma classe as perguntas mencionadas, convidando e encorajando os alunos a examinar e a explorar em profundidade os temas e chegar às suas próprias conclusões?

Isso *é que é importante! Vocês não querem que os seus jovens cheguem às suas próprias conclusões. Querem que* cheguem às mesmas conclusões a que vocês chegaram. *Assim, eles são condenados a repetir os erros a que as suas conclusões os levaram.*

Mas e quanto às afirmações feitas por tantas pessoas sobre os antigos valores e a desintegração de nossa sociedade atual? E quanto ao incrível aumento da gravidez na adolescência, das mães dependentes da beneficência social, ou da violência em nosso mundo?

Seu mundo se tornou violento. Eu concordo com isso. Mas não se tornou violento devido ao que vocês permitiram que suas escolas ensinassem a seus filhos, mas ao que não lhes permitiram ensinar.

Vocês não lhes permitiram ensinar que o amor é tudo que existe. Não lhes permitiram falar sobre um amor que é incondicional.

Que droga, nós nem mesmo permitimos às nossas *religiões* falar sobre isso.

É verdade. E não permitirão que seus filhos aprendam a celebrar a si mesmos e a seus corpos, sua condição humana e seus maravilhosos "eus" sexuais — que saibam que são, antes de tudo, seres espirituais que habitam um corpo. Tampouco tratam seus filhos como espíritos encarnados.

Nas sociedades em que a sexualidade é discutida livremente, explicada e experimentada com alegria, praticamente não há crimes sexuais, apenas um pequeno número de nascimentos que ocorrem sem ser esperados, e não são "ilegítimos" ou indesejados. Nas sociedades muito evoluídas, todos *os nascimentos são bênçãos, e zela-se pelo bem-estar de mães e filhos. De fato, essas sociedades não agiriam de outro modo.*

Nas sociedades em que a História não serve aos interesses dos mais fortes e poderosos, os erros do passado são abertamente reconhecidos e nunca repetidos, e uma vez é o bastante *para os comportamentos claramente autodestrutivos.*

Nas sociedades em que são ensinados o pensamento crítico, a solução de problemas e as habilidades necessárias para viver, em vez de fatos simplesmente memorizados, até mesmo os assim chamados atos "justificáveis" do passado são amplamente examinados. Nada é aceito de imediato.

Como isso funcionaria? Vamos usar o nosso exemplo da Segunda Guerra Mundial. Como um sistema escolar ensinando as habilidades necessárias para viver, em vez de meramente fatos, trataria do episódio histórico de Hiroshima?

Seus professores descreveriam para suas classes exatamente o que aconteceu lá. Incluiriam todos os fatos — todos *— que levaram a esse episódio. Tentariam expor as opiniões dos historiadores americanos e japoneses, dando-se conta de que há mais de um ponto de vista a respeito de* tudo. *Eles não pediriam para a classe memorizar os fatos, mas a desafiariam. Diriam: "Agora vocês já sabem tudo sobre Hiroshima, o que ocorreu antes e depois. Nós lhes fornecemos o máximo de 'conhecimento' que pudemos obter a respeito desse episódio. Qual é a 'sabedoria' que esse 'conhecimento' lhes traz? Se vocês tivessem sido escolhidos para solucionar os problemas que estavam sendo enfrentados naqueles dias, e que foram solucionados com a bomba, como iriam solucioná-los? Podem pensar em um modo melhor?"*

Ah, *claro.* Isso é fácil. Qualquer um pode encontrar respostas *assim* — com o benefício da *percepção tardia da natureza de um fato.* Qualquer um pode olhar para o passado e dizer: "Eu teria agido de modo diferente."

Então por que vocês não agiram? Por que não olharam para o passado, aprenderam *com ele e agiram de modo diferente? Eu lhe direi por quê. Porque permitir a seus filhos olhar para o passado e analisá-lo criticamente — de fato,* exigir *que fizessem isso como parte de sua educação — seria correr o risco de eles* discordarem do modo como vocês agiram.

É claro que seus filhos discordarão de qualquer maneira. Só que vocês não lhes permitem discordar muito nas salas de aula. Então eles têm de ir para as ruas. Carregar cartazes. Rasgar cartões de recrutamento. Queimar sutiãs e bandeiras. Fazer o que podem para atrair a sua atenção, para fazê-los ver. Os jovens têm gritado para vocês: "Deve haver um modo melhor!" Contudo, vocês não os ouvem. Não querem ouvi-los. E certamente não querem encorajá-los nas salas de aula *a começar a ter um pensamento crítico sobre os fatos que lhes estão sendo apresentados.*

Apenas os aceitem, *dizem vocês para eles. Não venham aqui afirmar que fizemos as coisas de modo errado. Apenas aceitem que as fizemos* certo.

É assim que vocês educam seus filhos. É isso que têm chamado de educação.

Mas há aqueles que diriam que são os jovens e suas idéias malucas e liberais que levaram este país à perdição. Mandaram-no para o inferno. Levaram-no à beira do caos. Destruíram nossa cultura voltada para os valores, e a substituíram por uma regra moral de fazer-o-que-você-quer, o que o faz "sentir-se bem", que ameaça acabar com o nosso próprio estilo de vida.

Os jovens estão *acabando com o seu estilo de vida.* Sempre *fizeram isso. Seu papel é encorajá-los a fazê-lo, não desencorajá-los.*

Não são os seus jovens que estão desmatando as florestas tropicais. Eles estão pedindo que vocês parem *de fazer isso. Não são os jovens que lhes estão cobrando pesados impostos, e depois usando o dinheiro para a guerra e as máquinas de guerra. Eles estão pedindo que vocês* parem *de fazer isso. Não são os seus jovens que estão ignorando os problemas dos fracos e oprimidos, deixando milhares de pessoas morrer de fome todos os dias em um planeta com comida mais do que suficiente para todos. Eles estão pedindo que vocês* parem *de fazer isso.*

Não são os seus jovens que fazem uso da política da fraude e da manipulação. Eles estão pedindo que vocês parem *de fazer isso. Não são os seus jovens que são sexualmente reprimidos, têm vergonha de seus próprios corpos e passam essa vergonha para os seus filhos. Eles estão pedindo que vocês* parem *de fazer isso. Não são os seus jovens que têm construído um sistema de valores que afirma que "poder é direito" e um mundo que resolve os problemas com violência. Eles estão pedindo que vocês* parem *de fazer isso.*

Ou melhor, eles não estão pedindo ... estão implorando.

Mas os jovens é que são violentos! Eles é que reúnem gangues e se matam! Eles que desrespeitam a lei e a ordem — *qualquer* tipo de ordem. Os jovens estão nos deixando *malucos!*

Quando as súplicas dos jovens para mudar o mundo não são ouvidas e eles vêem que a sua causa está perdida — que vocês apesar de tudo agirão à sua própria maneira — os jovens, que não são estúpidos, fazem o que lhes resta fazer. Se não podem vencer o inimigo, unem-se a ele.

Seus jovens adotam os comportamentos de vocês. Se são violentos, é porque vocês são. Se são materialistas, é porque vocês são. Se fazem maluquices, é porque vocês fazem. Se usam o sexo de forma manipuladora, irresponsável e desonrosa, é porque os vêem fazendo o mesmo. A única diferença entre os jovens e as pessoas mais velhas é que os jovens agem às claras.

As pessoas mais velhas escondem os seus comportamentos. Acham que os jovens são cegos. Mas os jovens vêem tudo. Nada é escondido deles. Vêem a hipocrisia dos mais velhos, e tentam desesperadamente acabar com ela. Contudo, tendo tentado e fracassado, não vêem outra escolha além de imitá-la. Nisso eles estão errados, mas nunca aprenderam a agir de forma diferente. *Nunca lhes foi permitido analisar criticamente o que as pessoas mais velhas faziam. Só lhes foi permitido memorizá-lo.*

O que você memoriza, memoriza.

Então, como deveríamos educar os nossos jovens?

Primeiro, tratem seus jovens como espíritos. Eles são espíritos encarnados. Não é fácil para um espírito encarnar, ou se acostumar com o fato de que está encarnado. Isso é muito limitador. Então a criança chora porque está sendo subitamente muito limitada. Ouçam esse choro. Compreendam-no. E dêem a seus filhos a sensação mais profunda de "ausência de limitações" que puderem.

Depois, apresentem os seus filhos ao mundo que vocês criaram com gentileza e cuidado. Tenham muito cuidado com o que colocam em suas unidades de armazenamento de memória. As crianças se lembram de tudo que vêem e experimentam. Por que vocês batem em seus filhos no momento em que eles saem do útero? Realmente acham que esse é o único modo de fazer os seus mecanismos funcionarem? Por que levam seus bebês para longe de suas mães minutos depois de eles terem sido separados da única forma de vida que conhecem? Todos os processos de medição, pesagem e estimulação não podem esperar um pouco enquanto o recém-nascido experimenta a segurança e o conforto de quem lhe deu a vida?

Por que vocês permitem que algumas das primeiras imagens a que seus filhos são expostos sejam de violência? Quem lhes disse que isso era bom para eles? E por que vocês escondem as imagens de amor?

Por que vocês ensinam a seus filhos a sentir vergonha de seus próprios corpos e de suas funções, escondendo seus corpos deles, e dizendo-lhes para nunca se tocarem de modos que lhes dão prazer? Que mensagens vocês lhes enviam sobre o prazer? E que lições lhes ensinam sobre o corpo?

Por que vocês colocam seus filhos em escolas em que a competição é permitida e encorajada, ser o "melhor" e aprender "mais" é recompensado, o "desempenho" recebe notas e mover-se seguindo o próprio ritmo dificilmente é tolerado? O que seus filhos aprendem com isso?

Por que vocês não ensinam a seus filhos o movimento, a música e a alegria da arte, o mistério dos contos de fadas e as maravilhas da vida? Por que não trazem à tona o que já existe naturalmente nas *crianças, em vez de tentar incutir-lhes o que é antinatural para elas?*

E por que vocês não permitem a seus jovens aprender o pensamento lógico e crítico, a solução de problemas e a criação, usando as ferramentas de sua própria intuição e seu conhecimento interior mais profundo, em vez das regras, dos sistemas memorizados e das conclusões de uma sociedade que já provou ser totalmente incapaz de evoluir usando esses métodos, mas continua a usá-los?

Finalmente, ensinem conceitos, *não* matérias.

Criem um novo currículo baseado em três Conceitos Essenciais:

Consciência
Honestidade
Responsabilidade

Ensine a seus filhos esses conceitos desde o início de suas vidas. Deixem que façam parte do currículo até o último dia. Baseie todo o seu modelo educacional neles. Façam com que todo o ensino seja feito a partir deles.

Eu não compreendo o que isso quer dizer.

Quer dizer que tudo que vocês ensinam deveria ter a sua origem neles.

O Senhor pode explicar isso? Como ensinaríamos a ler, escrever e fazer contas?

Desde as primeiras cartilhas até os seus livros mais sofisticados, todos os contos, e todas as histórias e temas, girariam em torno dos conceitos essenciais. Isto é, seriam histórias de consciência, honestidade e responsabilidade. Os conceitos seriam apresentados a seus filhos e incutidos neles.

De igual modo, as tarefas de escrita girariam em torno desses Conceitos Essenciais, e de outros que derivam deles, à medida que as crianças fossem desenvolvendo a capacidade de expressar-se.

Até mesmo a computação deveria ser ensinada dentro dessa estrutura. A aritmética e a matemática não são abstrações, mas as ferramentas mais básicas do Universo para ganhar a vida. O ensino da computação deveria ser colocado no contexto da experiência de vida mais ampla de um modo que chamasse atenção para os Conceitos Essenciais e seus derivados.

O que são esses "derivados"?

Para usar uma palavra comum, são ramificações. Todo o modelo educacional pode ser baseado nelas, substituindo as matérias de seu currículo atual, que ensinam principalmente fatos.

Como, por exemplo?

Bem, vamos usar a nossa imaginação. Quais são alguns dos conceitos que são importantes para você em sua vida?

Hum... bem, a honestidade, como o Senhor disse.

Sim, continue. Esse é um Conceito Essencial.

E... a justiça. Esse é um conceito importante para mim.

Ótimo. Algum outro?

Tratar as pessoas bem. Esse é um deles. Não sei como incluí-lo em um conceito.

Vá em frente. Deixe apenas os pensamentos fluírem.

Viver em harmonia. Ser tolerante. Não magoar as pessoas. Vê-las como iguais. Essas são as coisas que eu gostaria de ensinar aos meus filhos.

Muito bom! Excelente! Continue.

Hum... acreditar em si mesmo. Esse é um bom. E... espere, espere... estou quase me lembrando. Ah, sim... *caminhar com dignidade.* Eu acho que o chamaria assim. Também não sei como incluir isso em um conceito melhor, mas tem que ver com o modo como nos conduzimos na vida, respeitamos as outras pessoas e o caminho que elas estão seguindo.

Esse é bom. Todos são bons. Você está chegando lá. E há muitos outros conceitos como esses que todas as crianças devem compreender profundamente para evoluírem e se tornarem seres humanos completos. Contudo, vocês não ensinam em suas escolas essas coisas de que estamos falando agora, que são as mais importantes na vida. Não ensinam o que significa ser honesto, responsável, ter consciência dos sentimentos das outras pessoas e respeitar os seus caminhos.

Vocês dizem que cabe aos pais ensinar essas coisas. Mas os pais só podem ensinar o que aprenderam. E seus erros causam sofrimento aos filhos. Portanto, vocês estão ensinando em seus lares a mesma coisa que seus pais lhes ensinaram.

E daí? O que há de errado nisso?

Como Eu perguntei repetidamente aqui, você tem olhado para o mundo ultimamente?

O Senhor sempre faz essa pergunta. Mas essas coisas todas não são nossa culpa. Não podemos ser culpados pelo modo como o resto do mundo está.

Isso não é uma questão de culpa, mas de escolha. E se vocês não são responsáveis pelas escolhas que a humanidade tem feito, e continua *a fazer, quem é?*

Bem, não podemos nos responsabilizar por *todas* elas!

Eu lhe digo que enquanto vocês não estiverem dispostos a se responsabilizar por todas elas, não poderão mudar coisa alguma.

Não podem continuar dizendo que eles *fizeram e estão fazendo isso, lamentando que não seja a coisa certa! Lembrem-se da maravilhosa fala do personagem das histórias em quadrinhos de Walt Kelly, Pogo, e nunca se esqueçam dela:*

"Nós encontramos o inimigo — nós mesmos."

Cometemos os mesmos erros há séculos, não é?

Milênios, Meu filho. Vocês os cometem há milênios. A humanidade não evoluiu em seus instintos mais básicos muito além da era do homem das cavernas. Contudo, todas as tentativas de mudar isso são menosprezadas. Todos os pedidos para examinar os seus valores, e talvez até mesmo para reestruturá-los, são recebidos com medo e depois com raiva. Agora Eu dou a idéia de ensinar conceitos mais elevados nas escolas. *Ah, estamos realmente pisando em terreno perigoso!*

Ainda assim, nas sociedades muito evoluídas, é exatamente isso que é feito.

Mas o problema é que nem todas as sociedades concordam com esses conceitos, ou com seu significado. É por esse motivo que não podemos ensiná-los em nossas escolas. Os pais ficam furiosos quando há uma tentativa de introduzir essas coisas no currículo. Eles dizem que estão sendo ensinados "valores" e que as escolas não são os lugares adequados para esse tipo de educação.

Eles estão errados! Mais uma vez, baseado no que vocês dizem sobre a raça humana que estão tentando ser — que é criar um mundo melhor — eles estão errados. *As escolas são* exatamente *os lugares adequados para essa educação. Precisamente* porque *não têm os mesmos preconceitos dos pais, não compartilham as suas noções preconcebidas. Você viu os resultados em seu planeta decorrentes do fato de os pais passarem os seus valores para os filhos. Seu planeta está uma* confusão.

Vocês não compreendem os conceitos mais básicos das sociedades civilizadas.

Não sabem como resolver os conflitos sem violência.

Não sabem como viver sem medo.

Não sabem como agir sem interesse pessoal.

Não sabem como amar incondicionalmente.

Esses são conhecimentos básicos — básicos — *e vocês nem mesmo começaram a compreendê-los totalmente, muito menos a colocá-los em prática ... depois de* séculos e séculos.

Há alguma saída para essa confusão?

Sim! Está em suas escolas! Na educação de seus jovens! Sua esperança está na próxima geração, e na seguinte! Mas vocês têm de parar de incutir-lhes as normas de vida antigas. Elas não funcionaram. Não os levaram onde dizem que querem ir. Contudo, se não tiverem cuidado, chegarão exatamente ao lugar para onde se dirigiram!

Então parem! *Dêem meia-volta! Criem a versão maior da visão melhor que já tiveram de si mesmos como uma raça humana. Depois, peguem os valores e conceitos compatíveis com essa visão e os* ensinem em suas escolas.

Por que não cursos como:

- *Poder de Compreensão*
- *Resolução Pacífica de Conflitos*
- *Elementos de Relações Amorosas*
- *Personalidade e Criação de Si Mesmo*
- *Corpo, Mente e Espírito: Como Funcionam*
- *Criatividade Cativante*
- *Celebração do Eu, Valorização das Outras Pessoas*
- *Expressão Sexual Prazerosa*
- *Justiça*
- *Tolerância*
- *Diversidades e Similaridades*
- *Economia Ética*
- *Consciência Criativa e Poder da Mente*

- *Consciência e Despertar*
- *Honestidade e Responsabilidade*
- *Visibilidade e Transparência*
- *Ciência e Espiritualidade*

Grande parte disso *está* sendo ensinado agora. Nós o chamamos de Estudos Sociais.

Eu não estou falando de uma unidade de dois dias em um curso com a duração de um semestre, mas de cursos separados *sobre cada uma dessas coisas, uma revisão completa dos currículos de suas escolas. Estou falando de um currículo baseado em valores. Seu currículo atual é em grande parte baseado em fatos.*

Estou falando sobre concentrar a atenção de seus filhos tanto na compreensão dos conceitos essenciais e das estruturas teóricas em torno das quais o seu sistema de valor pode ser construído, como vocês fazem em datas, fatos e estatísticas.

Nas sociedades muito evoluídas de sua galáxia e de seu Universo (sobre as quais falaremos mais especificamente no Livro III), os conceitos são ensinados aos filhos desde uma tenra idade. O que vocês chamam de "fatos", que nessas sociedades são considerados muito menos importantes, são ensinados bem mais tarde.

Em seu planeta, vocês criaram uma sociedade na qual o pequeno Johnnie aprendeu a ler antes de sair da pré-escola, mas ainda não aprendeu a parar de morder o seu irmão. E Susie decorou nas primeiras séries a sua tabuada, usando cartões vistosos e a sua memória, mas não aprendeu que não há nada de vergonhoso ou constrangedor em seu corpo.

No momento atual, suas escolas existem em primeiro lugar para fornecer respostas. Seria muito melhor se a sua função principal fosse fazer perguntas. O que significa ser honesto, responsável ou "justo"? Quais são as implicações? O que significa 2+2 = 4? Quais são as implicações? As sociedades muito evoluídas incentivam todas as crianças a descobrir e criar essas respostas para si mesmas.

Mas... isso levaria ao *caos!*

Ao contrário das condições não caóticas sob as quais vocês vivem...

Está bem, está bem... isso levaria a *mais* caos.

Eu não estou sugerindo que suas escolas nunca ensinem a seus filhos nenhuma das coisas que vocês aprenderam ou decidiram em relação a elas. Muito pelo contrário. As escolas servem a seus alunos quando partilham com os Jovens o que os Mais Velhos aprenderam e descobriram, decidiram e escolheram no passado. Os alunos podem então observar como tudo isso funcionou. Contudo, em suas escolas, vocês apresentam esses dados para os alunos como O que É Certo, quando os dados na verdade deveriam ser oferecidos como simplesmente isso: dados.

Os Dados Passados não eram para ser a base da Verdade Atual. Os dados de um tempo ou uma experiência anterior deveriam ser apenas a base para novas perguntas. O valor teria que estar sempre na pergunta, não na resposta.

E as perguntas são sempre as mesmas. Com relação a esses dados passados que nós lhes mostramos, vocês concordam ou discordam? O que pensam? Essa é a pergunta principal. Esse é o enfoque. O que pensam? O que vocês *pensam?* O que vocês pensam?

Obviamente as crianças levarão para essa pergunta os valores de seus pais. Os pais continuarão a ter um grande papel — o mais importante — na criação do sistema de valores dos filhos. A intenção e o objetivo da escola seria incentivar os alunos, do início ao fim da educação formal, a explorar esses valores, aprender como usá-los e aplicá-los — e, sim, até mesmo a questioná-los. Porque os pais que não querem que seus filhos questionem os seus valores não os amam. Em vez disso, amam a si mesmos por meio *de seus filhos.*

Eu queria — ah, como queria! — que houvesse escolas como as que o Senhor descreveu!

Há algumas que tentam se aproximar desse modelo.

Há?

Sim. Leia os escritos de um homem chamado Rudolph Steiner. Explore os métodos da Escola Waldorf, que ele desenvolveu.

Bem, é claro que eu conheço essa escola. Isso é um comercial?

É uma observação.

Porque o Senhor sabia que eu conhecia essa escola. Sabia disso.

É claro que sim. Tudo em sua vida lhe serviu, trouxe-o a este momento. Eu não comecei a conversar com você apenas no início deste livro. Converso com você há anos, por meio de todas as suas associações e experiências.

O Senhor está dizendo que a Escola Waldorf é a melhor?

Não. Estou dizendo que é um modelo que dá certo, de acordo com o lugar em que vocês dizem, como raça humana, que desejam chegar, fazer e ser. Estou dando um exemplo — de vários que poderia dar, embora em seu planeta e em sua sociedade eles sejam raros — de como a educação pode ser desenvolvida de um modo que se concentra mais na "sabedoria" do que apenas no "conhecimento".

Bem, esse é um modelo que eu aprovo. Há muitas diferenças entre uma Escola Waldorf e outras escolas. Deixe-me dar-Lhe um exemplo. É um exemplo simples, mas ilustra muito bem esse ponto.

Na Escola Waldorf, o professor acompanha os alunos em todos os níveis do aprendizado primário e do elementar. Durante todos esses anos, os alunos têm o mesmo professor, em vez de passar de um para outro. O Senhor pode imaginar o laço que se forma aqui? Pode ver o seu valor?

O professor passa a conhecer o aluno como se fosse seu filho. O aluno passa a ter um nível de confiança no professor e amor a ele que abre portas que muitas escolas tradicionais nunca sonharam que existiam. No final desses anos, o professor volta para a primeira série e começa a acompanhar outro grupo de alunos ao longo dos anos. Um professor Waldorf dedicado acabará trabalhando com apenas quatro ou cinco grupos de alunos em toda a sua carreira. Mas significará bem mais para eles do que seria possível em uma escola tradicional.

Esse modelo educacional reconhece e afirma que o *relacionamento humano*, o *laço* e o *amor* partilhados nesse modelo, são tão importantes quanto quaisquer *fatos* que o professor possa apresentar aos alunos. É como uma educação informal, fora do lar.

Sim, esse é um bom modelo.

Há outros bons modelos?

Sim. Vocês têm feito alguns progressos em seu planeta no que diz respeito à educação, mas eles são um pouco lentos. Até mesmo a tentativa de desenvolver um currículo voltado para objetivos e para o desenvolvimento de habilidades nas escolas públicas encontrou grande resistência. As pessoas consideram isso ameaçador, ou ineficaz. Querem que seus filhos aprendam fatos. *Ainda assim, estão surgindo alguns avanços nesse sentido, mas ainda há muito por fazer.*

E essa é apenas uma área da experiência humana que poderia lucrar com uma revisão geral, dado o que vocês dizem, como seres humanos, que estão tentando ser.

Sim, eu imagino que a arena política também poderia lucrar com algumas mudanças.

Sem dúvida.

Capítulo 10

Eu estava esperando por isso. É mais do que achei que o Senhor havia me prometido quando disse que o Livro II trataria dos problemas planetários em uma escala global. Então podemos começar a examinar a nossa política humana com uma pergunta que pode parecer elementar?

Nenhuma pergunta é sem mérito ou sem valor. As perguntas são como as pessoas.

Ah, essa foi ótima! Então deixe-me fazer a pergunta. É errado adotar uma política estrangeira baseada nos interesses ocultos de seu próprio país?

Não. Em primeiro lugar, do Meu ponto de vista, nada *é "errado". Mas Eu compreendo como você usa o termo, por isso falarei dentro do contexto do seu vocabulário. Usarei o termo "errado" para indicar "o que não lhe serve, dado quem e o que escolhe ser". É assim que sempre usei os termos "certo" e "errado" com você; dentro desse contexto, porque, na verdade, não existe Certo e Errado.*

Então, dentro desse contexto, não é errado basear as decisões da política estrangeira em interesses ocultos. O errado é vocês fingirem que não estão fazendo isso.

É claro que a maioria dos países procede assim. Eles agem — ou não *agem — por uma série de motivos, depois dão como explicação outra série de motivos.*

Por quê? Por que os países fazem isso?

Porque os governos sabem que se o povo soubesse os motivos reais para as decisões da política estrangeira, não os apoiaria.

Isso é verdadeiro para governos de toda parte. Há muito poucos que não enganam o povo. O engano é parte do governo, porque poucas pessoas escolheriam ser governadas do modo como são — poucas escolheriam ser governadas de qualquer maneira — a menos que o governo as convencesse de que suas decisões eram para o seu próprio bem.

Isso é difícil, porque a maioria das pessoas vê claramente a insensatez no governo. Então o governo tem de mentir para pelo menos tentar manter a lealdade do povo. O governo é um exemplo perfeito da exatidão do princípio de que se você mentir o suficiente, por tempo suficiente, a mentira se tornará "verdade".

As pessoas no poder nunca devem deixar o povo saber como chegaram lá — ou tudo que fizeram e desejam fazer para continuar onde estão.

A verdade e a política não se misturam e não *podem se misturar porque a política é a* arte *de dizer apenas o que precisa ser dito — e dizê-lo do modo certo — para atingir um fim desejado.*

Nem todos os políticos são ruins, mas a arte da política é uma arte prática. *Conhece muito bem a psicologia da maioria das pessoas. Simplesmente percebe que elas agem com interesse pessoal. Portanto, a política é o modo pelo qual essas pessoas no poder tentam convencê-los de que os interesses pessoais* delas *são os seus.*

Os governos compreendem o interesse pessoal. É por isso que são muito bons em criar programas que dão *coisas para o povo.*

Originalmente, os governos tinham funções muito limitadas. Seu objetivo era simplesmente "preservar e proteger". Então alguém acrescentou "prover". Quando os governos começaram a ser os provedores *do povo, assim como os seus protetores, começaram a* criar *a sociedade, em vez de preservá-la.*

Mas os governos não estão fazendo apenas o que as pessoas querem? Não estão meramente fornecendo o mecanismo através do qual as pessoas provêm a si mesmas do necessário em uma escala social? Por exemplo: na América damos muito valor à dignidade da vida humana, à liberdade individual, à importância da oportunidade, à santidade das crianças. Por isso, aprovamos leis e pedimos ao governo para criar programas para dar aposentadoria aos idosos, para eles poderem manter sua dignidade depois de seus anos produtivos; para garantir oportunidades iguais de emprego e moradia para todos — até mesmo aqueles diferentes de nós, ou de cujo estilo de vida discordamos; para garantir, através das leis do trabalho infantil, que as crianças de um país não se tornem escravas desse país, que nenhuma família com filhos deixe de ter satisfeitas as suas necessidades básicas para viver com dignidade — de alimentação, vestuário e moradia.

Essas leis têm um efeito positivo em sua sociedade. Contudo, ao satisfazer as necessidades das pessoas, vocês precisam tomar cuidado para não privá-las de seu maior bem: o exercício do poder pessoal, da criatividade individual e da ingenuidade sincera que lhes permite perceber que podem prover a si mesmas do necessário. Esse é um equilíbrio delicado que deve ser mantido. Vocês parecem saber apenas como ir de um extremo a outro. Ou querem que o governo "faça tudo" para o povo, ou querem acabar no futuro com todos os programas de governo e invalidar todas as leis governamentais.

Sim, e o problema é que há muitos que *não* podem prover a si mesmos do necessário em uma sociedade que costuma dar as melhores oportunidades de vida àqueles que têm as credenciais "certas" (ou, talvez, não têm as "erradas"); que *não* podem prover a si mesmos do necessário em uma nação em que os senhorios não alugam imóveis para famílias grandes, as empresas não promovem as mulheres, a justiça é freqüentemente uma conseqüência do *status*, o acesso à medicina preventiva é limitado àqueles com renda suficiente, e em que muitas outras discriminações e desigualdades existem em uma grande escala.

Então os governos devem substituir a consciência do povo?

Não. Os governos *são* claramente a consciência do povo. É através dos governos que o povo tenta, espera e decide corrigir os males da sociedade.

O que você disse está certo. Contudo, Eu repito que vocês devem tomar cuidado para não se sufocar em leis que tentam garantir ao povo uma chance de respirar!

Vocês não podem fazer leis para impor a moralidade ou a igualdade.

O que é preciso é mudar *a consciência coletiva, não* reforçá-la.

O comportamento (e todas as leis, e todos os programas de governo) deve surgir do Ser, ser um verdadeiro reflexo de Quem Vocês São.

As leis da nossa sociedade *realmente* refletem quem nós somos! Elas dizem para todos: "É assim que é aqui na América. É assim que os americanos *são*."

Na melhor das hipóteses, talvez. Mas mais freqüentemente, suas leis são as afirmações do que aqueles no poder *acham que vocês de*veriam *ser, mas não são.*

As minorias "da elite" instrui as maiorias "ignorantes" através da lei.

Exatamente.

O que há de errado nisso? Se uns poucos dos melhores e mais brilhantes entre nós desejam examinar os problemas da sociedade e do mundo e propor soluções, isso não serve a muitos?

Depende dos motivos dessas minorias. E de sua clareza. Geralmente, nada serve mais "às maiorias" do que deixá-las se governarem.

Anarquia. Isso nunca deu certo.

Você não pode progredir e tornar-se grande quando o governo está sempre lhe dizendo o que fazer.

Poderia ser argumentado que o governo — quero dizer, a lei pela qual escolhemos nos governar — é um reflexo da grandiosidade (ou ausência dela) da sociedade, que as grandes sociedades têm grandes leis.

Em uma quantidade muito pequena. Porque nas grandes sociedades, muito poucas leis são necessárias.

Ainda assim, as sociedades verdadeiramente sem leis são sociedades primitivas, em que "o poder é direito". As leis são a tentativa do homem de nivelar o campo de ação; garantir que o que é realmente certo prevalecerá, a despeito da fraqueza ou da força. Sem códigos de comportamento com os quais todos nós concordamos, como poderíamos coexistir?

Eu não estou sugerindo um mundo sem códigos de comportamento, sem acordos. Estou sugerindo que seus acordos e códigos se baseiem em uma compreensão maior e em uma definição melhor do interesse pessoal.

O que a maioria das leis realmente *diz é o que os mais poderosos entre vocês têm como seus interesses ocultos.*

Vamos ver um exemplo. O fumo.

Agora a lei diz que vocês não podem plantar e usar um certo tipo de erva, a maconha, porque, segundo o governo lhes diz, ela não é boa para vocês.

Contudo, o mesmo governo diz que pode-se plantar e usar outro *tipo de erva, o tabaco, não porque é bom para vocês (de fato, o próprio governo diz que é* ruim*), mas, presumivelmente, porque vocês sempre fizeram isso.*

O verdadeiro motivo pelo qual a primeira erva é proibida e a segunda liberada não tem nada que ver com a saúde. Tem que ver com a economia. Isto é, com o poder.

Portanto, suas leis não *refletem o que a sua sociedade pensa de si mesma, e deseja ser — refletem* onde está o poder.

Isso não é justo. O Senhor escolheu uma situação em que as contradições são visíveis. A maioria das situações não é assim.

Pelo contrário. A maioria é.

Então qual é a solução?

Ter o mínimo de leis — que são realmente limites — possível.

O motivo de a primeira erva ser proibida é apenas aparentemente *a saúde.* A verdade *é que a primeira erva não vicia mais e não representa um risco maior para a saúde do que os cigarros ou o álcool, ambos* protegidos *por lei. Então por que não é permitida? Porque se fosse plantada, metade dos plantadores de algodão, e dos fabricantes de náilon, raiom* e produtos derivados de madeira no mundo sairia do negócio.*

Ocorre que a maconha é um dos materiais mais úteis, fortes e duradouros de seu planeta. Vocês não podem produzir uma fibra melhor para roupas, um material mais forte para cordas, uma fonte de pasta de madeira mais fácil de plantar e colher. Cortam centenas de milhares de árvores por ano para produzir seus jornais de domingo e ler sobre a destruição das florestas tropicais. A maconha poderia fornecer-lhes milhões de jornais de domingo sem que fosse preciso cortar uma só árvore. De fato, poderia substituir muitas matérias-primas, a um décimo do custo.

E esse é o problema. *Alguém* perderá dinheiro *se essa planta miraculosa — que também tem excelentes propriedades medicinais — puder ser plantada.* É por esse motivo *que a maconha é ilegal em seu país.*

É o mesmo motivo pelo qual vocês têm demorado tanto para produzir carros elétricos, fornecer um atendimento médico bom e barato ou usar calor e eletricidade solar em todos os lares.

* Tipo de fibra de celulose para tecido. (N. do R.)

Vocês têm os meios e a tecnologia para produzir todas *essas coisas há* anos. *Então por que não as têm?* Tente descobrir quem perderia dinheiro se as tivessem. *Então encontrará a sua resposta.*

É essa a Grande Sociedade da qual vocês se orgulham tanto? Sua "grande sociedade" tem de ser forçada, a contragosto, a pensar no bem comum. Sempre que o bem comum ou coletivo é mencionado, alguém grita: "Comunismo!" Em sua sociedade, se a busca do bem para muitos não produz um grande lucro para alguém, o bem dos muitos é com muita freqüência ignorado.

Isso é verdadeiro não só em seu país, como em todo o mundo. Portanto, a questão básica para a humanidade é: o interesse pessoal pode algum dia ser substituído pelo interesse comum *da humanidade? Se pode, como?*

Nos Estados Unidos, vocês tentaram tratar do interesse comum através de leis. Falharam. Sua nação é a mais rica e poderosa da Terra, e tem uma das taxas de mortalidade infantil mais altas. Por quê? Porque os pobres não podem *pagar um atendimento pré-natal e pós-natal de qualidade — e sua sociedade é* movida pelo lucro. *Eu cito isso como apenas um exemplo de seu fracasso. O fato de que seus bebês estão morrendo em quantidade maior do que os da maioria das outras nações industrializadas deveria incomodá-los. Mas não incomoda. Isso diz muito sobre as suas prioridades como uma sociedade. Outros países cuidam dos doentes, necessitados e idosos. Vocês cuidam dos ricos e influentes. Oitenta e cinco por cento dos aposentados americanos* vivem em condições de pobreza. *Muitos desses idosos, e a maioria das pessoas de baixa renda, usam a emergência do hospital local como o seu "médico de família", procurando atendimento médico apenas em último caso, e praticamente não tendo acesso à medicina preventiva.*

Veja bem, as pessoas que têm pouco para gastar não dão lucro... deixaram de ser úteis...

E essa é a sua grande sociedade...

O Senhor faz as coisas parecerem bem ruins. Contudo, a América tem feito mais pelos desprivilegiados e desventurados — tanto em seu território como no exterior — do que qualquer outro país da Terra.

É verdade que a América tem feito muito. Mas você sabe que proporcionalmente ao seu produto nacional bruto, os Estados Unidos fornecem menos ajuda aos países estrangeiros do que muitos países menores? O fato é que, antes de você se vangloriar, talvez devesse olhar para o mundo que o cerca. Porque se isso for o melhor que o seu mundo pode fazer pelo menos afortunados, todos vocês ainda têm muito que aprender.

Vocês vivem em uma sociedade perdulária e decadente. Colocaram em praticamente tudo que fazem o que seus engenheiros chamam de "obsolescência planejada". Os carros custam três vezes mais e duram um terço menos. As roupas se rasgam depois da décima lavagem. Vocês colocam produtos químicos em seus alimentos para que eles possam durar mais tempo nas prateleiras, mesmo se isso significa que sua permanência no planeta se tornará mais curta. Apóiam e incentivam equipes esportivas a pagar salários altíssimos por esforços ridículos, enquanto professores, pastores e pesquisadores que tentam encontrar a cura para as doenças que os matam imploram por dinheiro. Jogam fora mais comida a cada dia nos supermercados, restaurantes e lares de seu país do que seria preciso para alimentar metade do mundo.

Contudo, isso não é uma acusação, é meramente uma observação. E não apenas sobre os Estados Unidos, porque as atitudes que adoecem o coração são como uma epidemia mundial.

Os desprivilegiados em toda parte precisam se humilhar e economizar centavos apenas para permanecer vivos, enquanto os poucos no poder guardam e acumulam montanhas de dinheiro, deitam em lençóis de seda e todas as manhãs usam seus acessórios de banheiro feitos de ouro. E enquanto crianças macilentas e esqueléticas morrem nos braços de mães chorosas, os "líderes" de seu país se dedicam à corrupção política que impede que alimentos doados cheguem às mãos das massas famintas.

Ninguém parece ter o poder de mudar essas condições, mas a verdade é que o problema não é o poder. Ninguém parece ter a vontade.

E será sempre assim, enquanto as pessoas não virem os sofrimentos umas das outras como se fossem seus.

Bem, por que nós *não* fazemos isso? Por que vemos diariamente essas atrocidades e permitimos que continuem?

Porque vocês não se importam. É uma falta de zelo. *Todo o planeta enfrenta uma crise de consciência. Vocês devem apenas decidir se* se importam uns com os outros.

Vou fazer uma pergunta que parece patética. Por que não conseguimos amar os membros de nossas próprias famílias?

Vocês realmente *amam os membros de suas próprias famílias. Simplesmente têm uma visão muito limitada de quem eles* são.

Vocês não se consideram parte da família humana, e por isso os problemas da família humana não são seus.

Como os povos da Terra podem mudar a sua visão do mundo?

Isso depende do que querem mudar.

Como podemos acabar com uma parte maior da dor e do sofrimento?

Acabando com todas as separações entre vocês. Construindo um novo modelo do mundo. Mantendo-o dentro da estrutura de uma nova idéia.

Qual é?

Será uma mudança radical da visão do mundo atual.

Hoje em dia, vocês vêem o mundo — estamos falando agora geopoliticamente — como um conjunto de nações-estados diferentes e independentes umas das outras.

Os problemas internos dessas nações-estados independentes em geral não são considerados os problemas do grupo como um todo — enquanto não afetam *o grupo como um todo (ou os membros mais poderosos desse grupo).*

O grupo como um todo reage às condições e aos problemas dos estados independentes baseado nos interesses ocultos do grupo maior. Se ninguém no grupo maior tivesse coisa alguma a perder, *as condições em um estado individual poderiam ficar péssimas que ninguém se importaria muito.*

Milhares de pessoas podem morrer de fome a cada ano, centenas podem morrer na guerra civil, opressores podem saquear a zona rural, ditadores e seus capangas armados podem estuprar, pilhar e matar, as formas de governo podem privar as pessoas de direitos humanos básicos — e o resto de vocês não fará coisa alguma. Isso é, em sua opinião, um "problema interno".

Mas, quando os seus *interesses são ameaçados nos estados independentes, os* seus *investimentos, a* sua *segurança e a* sua *qualidade de vida estão em jogo, vocês obtêm o apoio de suas nações, tentam obter o apoio do mundo, e vão apressadamente onde os anjos temeriam pisar.*

Então contam a Grande Mentira — que estão agindo assim por razões humanitárias, para ajudar os povos oprimidos do mundo, quando a verdade é que estão simplesmente protegendo os seus próprios interesses.

A prova disso é que vocês não se preocupam com o que não os interessa.

O mecanismo político do mundo opera em interesse pessoal. O que há de novo nisso?

Algo terá de ser novo se vocês quiserem que seu mundo mude. Devem começar a ver os interesses das outras pessoas como se fossem os seus. Isso só acontecerá quando vocês reconstruírem as suas realidades globais e se governarem de acordo com elas.

Está falando de um governo mundial?

Estou.

Capítulo 11

O Senhor prometeu que no Livro II trataria dos problemas geopolíticos mais amplos de nosso planeta (ao contrário dos problemas basicamente pessoais de que tratou no Livro I), mas não achei que entraria *nesse* debate!

É hora de o mundo parar de se enganar, despertar e perceber que o único problema da humanidade *é o desamor.*

O amor produz tolerância, que produz paz. A intolerância produz guerra e é indiferente a condições insuportáveis.

O amor não pode ser indiferente. Não sabe como.

O modo mais rápido de chegar a uma posição de amor e preocupação com toda a humanidade é vê-la como sua família.

O modo mais rápido de ver toda a humanidade como sua família é parar de isolar-se. *Todas as nações-Estados que formam seu mundo devem se* unir.

Nós temos a Organização das Nações Unidas.

Órgão que se tem revelado impotente. Para esse órgão funcionar, teria de ser totalmente reestruturado. Isso não é impossível, mas talvez seja difícil e trabalhoso.

Está bem — o que o Senhor sugere?

Eu não tenho uma "sugestão". Simplesmente faço observações. Neste diálogo, você Me diz quais são as suas novas escolhas, e Eu faço observações sobre os modos de manifestá-las. O que você escolhe *agora no que diz respeito ao relacionamento atual entre os povos e as nações de seu planeta?*

Eu usarei as Suas palavras. Se estivesse em minhas mãos, escolheria que nós "chegássemos a uma posição de amor e preocupação com toda a humanidade".

Dada essa escolha, Eu observo que aquilo que daria certo seria a formação de uma nova comunidade política mundial, com cada nação-Estado tendo uma participação igual nos problemas do mundo, e uma cota proporcional dos recursos do mundo.

Isso nunca daria certo. Aqueles que "têm" nunca abrirão mão de sua supremacia, de sua riqueza e de seus recursos a favor daqueles que "não têm". E por que o fariam?

Porque é de seu interesse.

Elas não vêem isso dessa forma — e eu não tenho certeza de que vejo.

Se você pudesse acrescentar bilhões de dólares por ano à economia de sua nação — que poderiam ser gastos para alimentar os famintos, vestir os necessitados, abrigar os pobres, dar segurança aos idosos, melhorar o sistema de saúde e produzir um padrão de vida digno para todos — isso não seria do interesse de sua nação?

Bem, na América há aqueles que argumentariam que isso ajudaria aos pobres à custa dos ricos e da classe média, que pagam impostos. Nesse meio tempo, o país continua a ser devastado pelo crime, a inflação rouba do povo as economias de sua vida inteira, a taxa de desemprego sobe vertiginosamente, o governo se fortalece, gasta demais e nas escolas são distribuídas camisinhas.

Você fala como se estivesse dando uma entrevista no rádio.

Bem, essas *são* as preocupações de muitos americanos.

Então eles têm uma visão curta. Não percebem que se bilhões de dólares por ano *— que representam milhões por mês, centenas e centenas de milhares por semana, quantias enormes por* dia *— pudessem ser recolocados em seu sistema... se vocês* pudessem *usar esses recursos para alimentar os seus famintos, vestir os seus necessitados, abrigar os seus pobres, dar segurança para os seus idosos, fornecer atendimento médico e produzir um padrão de vida digno para todos...* as causas *do crime desapareciam para sempre? Não percebem que surgiriam novos empregos quando os dólares fossem reinvestidos em sua economia? Que o seu próprio governo poderia até mesmo se tornar menos importante,* porque haveria menos coisas a fazer?

Eu acho que algumas dessas coisas poderiam acontecer — mas não posso imaginar o governo *algum dia* se tornando menos importante! Mas de onde viriam esses milhões e bilhões? De impostos cobrados pelo Seu governo do novo mundo? Pagos por aqueles que "trabalharam duro" para dar àqueles que "não se esforçaram" para ganhá-los?

É assim que você vê isso?

Não, mas é assim que *muitas* pessoas irão ver, e eu quis tornar claro o ponto de vista delas.

Bem, Eu gostaria de falar sobre isso depois. Agora não quero me desviar do assunto de que estávamos tratando.

Está bem.

Mas você perguntou de onde viriam esses novos dólares. Bem, não teriam de vir de novos impostos cobrados pela comunidade do novo mundo (embora os membros da comunidade — cidadãos individuais — fossem desejar, *sob um governo iluminado, contribuir com 10% de sua renda para o bem-estar da sociedade). Tampouco viriam de novos impostos cobrados por um governo local. De fato, alguns governos locais conseguiriam reduzir os seus impostos.*

Tudo isso — todos esses benefícios — resultariam da simples reestruturação de sua visão do mundo, da reorganização mais simples de sua configuração política mundial.

Como?

Do dinheiro que vocês deixariam de gastar com sistemas de segurança de prédios e armas de ataque.

Ah, entendi! O Senhor quer que nós *acabemos com a nossa força militar!*

Não apenas vocês. Todo o mundo.

Mas não acabar com ela, simplesmente reduzi-la — drasticamente. Ela só seria necessária para garantir a ordem interna. Vocês poderiam fortalecer a polícia local — algo que afirmam que querem fazer, mas dizem todos os anos que o orçamento do governo não permite — ao mesmo tempo reduzindo muito seus gastos com armas e preparativos para a guerra; isto é, armas ofensivas e defensivas de destruição em massa.

Em primeiro lugar, eu acho que Suas estimativas exageram o que poderia ser economizado. Em segundo, não creio que conseguirá convencer as pessoas de que elas deveriam deixar de usar a sua habilidade para se defender.

Vamos examinar os números. Atualmente (escrevemos isso em 25 de março de 1994) os governos do mundo gastam cerca de um trilhão de dólares por ano em objetivos militares. Isso representa um milhão de dólares por minuto *em todo o mundo.*

As nações que estão gastando mais poderiam destinar a maior parte desse dinheiro às outras prioridades mencionadas. Então as nações mais ricas achariam que era de seu interesse fazer isso — se achassem que era possível. Mas as nações maiores e mais ricas não podem se imaginar indefesas, porque temem a agressão e o ataque das nações que as invejam e querem o que elas têm.

Há dois modos de acabar com essa ameaça.

1. Dividir riquezas e recursos mundiais suficientes com todos os povos do mundo para que nenhum deles precise do que os outros têm, e todos possam viver dignamente e deixar de sentir medo.

2. Criar um sistema para a resolução de diferenças que elimine a necessidade de guerra — e até mesmo a possibilidade dela.

As pessoas do mundo provavelmente nunca fariam isso.

Já fizeram.

Já?

Sim. Está sendo feita agora uma grande experiência em seu mundo justamente desse tipo de ordem política. Essa experiência é chamada de Estados Unidos da América.

Que o Senhor disse que estava sendo um grande fracasso.

E está. Falta muito para poder ser considerada um sucesso. (Como Eu já prometi, falarei sobre isso — e sobre as atitudes que impedem que seja um sucesso — depois.) Ainda assim, é a melhor experiência em andamento.

É como disse Winston Churchill: "A democracia é o pior sistema, exceto todos os outros."

A nação americana foi a primeira a formar uma confederação de estados independentes e uni-los em um grupo coeso, sujeito a uma autoridade central.

Na época, nenhum dos estados queria fazer isso. Eles resistiram muito, temendo a perda de sua importância individual e afirmando que essa união não serviria a seus interesses.

Pode ser instrutivo entender exatamente o que acontecia com esses estados independentes naquela época.

Embora eles tivessem se unido em uma confederação, não havia um real governo americano, e conseqüentemente nenhum poder para reforçar os Artigos da Confederação com os quais os estados haviam concordado.

Os estados tratavam de seus próprios assuntos internacionais, vários deles fazendo acordos particulares de comércio e outros negócios com a França, a Espanha, a Inglaterra e diversos países. Os estados também negociavam uns com os outros e, embora seus Artigos da Confederaçao o proibissem, alguns deles aplicavam tarifas aos produtos que vinham de barco de outros estados — como faziam com os que vinham do outro lado do oceano! Os comerciantes não tinham outra escolha além de pagá-las no porto se quisessem comprar ou vender seus produtos, não havendo uma autoridade *central — apesar da existência de um* acordo *escrito proibindo a aplicação dessas tarifas.*

Os estados independentes também guerreavam uns com os outros. Cada estado considerava sua força militar um exército permanente, nove estados tinham as suas próprias Marinhas de Guerra, e "não pise nos meus calos" poderia ter sido o lema oficial de todos os estados da Confederação.

Mais da metade dos estados até mesmo cunhava as suas próprias moedas. (Embora a Confederação tivesse concordado em que isso também seria ilegal!)

Em resumo, seus estados originais, apesar de unidos sob os Artigos *da Confederação, agiam* exatamente como as nações independentes agem hoje.

Embora eles pudessem ver que os acordos de sua Confederação (como o que afirmava que apenas o Congresso tinha autoridade para cunhar moedas) não estavam sendo cumpridos, recusavam-se terminantemente a criar e a respeitar uma autoridade central que poderia fazer cumprir *esses acordos e impor algumas penalidades a quem não os cumprisse.*

Contudo, com o correr do tempo, alguns líderes progressistas começaram a se destacar. Eles convenceram as pessoas de que ganhariam mais do que perderiam *criando essa nova Federação.*

Os comerciantes economizariam dinheiro e aumentariam seus lucros, porque os estados independentes não poderiam mais aplicar tarifas aos produtos uns dos outros.

Os governos economizariam dinheiro e teriam mais para investir em programas e serviços que realmente ajudariam o povo, *porque os recursos não teriam de ser usados para proteger os estados independentes uns dos outros.*

As pessoas também teriam mais segurança e prosperidade, cooperando, em vez de lutando entre si.

Longe de perder sua importância, cada estado poderia tornar-se ainda mais importante.

E, é claro, foi exatamente isso que aconteceu.

O mesmo poderia ser feito com as 160 nações-estados no mundo atual se elas formassem uma Federação Unida. Isso poderia significar o fim da guerra.

Como? Ainda haveria divergências.

Enquanto os seres humanos continuarem apegados a coisas exteriores, isso é verdade. Há um modo de acabar realmente com a guerra — e toda *a experiência de inquietação e falta de paz — mas é uma solução espiritual. Aqui estamos analisando uma solução geopolítica.*

De fato, o truque é combinar as duas. *A verdade espiritual deve ser vivida na vida prática para mudar a experiência diária.*

Enquanto essa mudança não ocorrer, haverá *divergências. Você está certo. Mas não é preciso que haja guerras. Não é preciso que haja mortes.*

Há guerras entre a Califórnia e o Oregon por direitos à água? Entre Maryland e Virgínia por direitos à pesca? Entre Wisconsin e Illinois, Ohio e Massachusetts?

Não.

E por que não? Não surgiram várias disputas e divergências entre eles?

Ao longo dos anos, creio que sim.

Pode apostar nisso. Mas esses estados independentes concordaram voluntariamente — isso foi um simples acordo voluntário *— em cumprir certas leis e certos compromissos a respeito de questões comuns a eles, ao mesmo tempo conservando o direito de ter estatutos separados a respeito de questões relacionadas a cada um deles individualmente.*

E quando as disputas entre os estados realmente *surgem, devido a interpretações diferentes da Lei Federal — ou pelo fato de alguém tê-la simplesmente descumprido — a questão é levada a um tribunal... ao qual foi dada autoridade (isto é, dada autoridade* pelos estados*) para resolver a disputa.*

E, se o conjunto de leis atual não fornece um precedente ou um meio pelo qual a questão pode ser levada ao tribunal para uma solução satisfatória, *os estados e o seu povo enviam seus representantes a um governo central para tentar chegar a um acordo sobre* novas leis *que* permitirão *uma solução satisfatória — ou pelo menos um acordo razoável.*

É assim que a sua federação funciona. *Um sistema de leis, um sistema de tribunais aos quais vocês outorgaram* poderes *para interpretá-las, e um sistema judiciário — amparado pelo poder armado, se necessário — para fazer cumprir as decisões desses tribunais.*

Apesar do fato de que ninguém poderia argumentar que o sistema não precisa ser melhorado, esse plano político dá certo há mais de 200 anos!

Não há motivos para duvidar de que a mesma receita também dará certo entre as nações-estados.

Se isso é tão simples, por que não foi tentado?

Foi. *Sua Liga das Nações foi uma antiga tentativa. As Nações Unidas é a última.*

Contudo, uma falhou e a outra foi apenas minimamente eficaz porque — como no caso dos 13 estados da Confederação original da América — as nações-estados membros (particularmente as mais poderosas) temem ter mais a perder do que a ganhar *com a reconfiguração.*

Isso ocorre porque as "pessoas no poder" estão mais preocupadas em conservá-lo do que em melhorar a qualidade de vida de todas *as pessoas. Aqueles que "têm"* sabem *que essa Federação Mundial produziria inevitavelmente mais para aqueles que "não têm" — mas aqueles que "têm" acham que isso ocorreria à* custa deles... *e não estão dispostos a abrir mão de coisa alguma.*

O medo deles não é justificado — e é algum absurdo você querer conservar as coisas pelas quais lutou tanto?

Em primeiro lugar, não *é necessariamente verdade que, para dar mais para os famintos, sedentos e sem lar, outros devem renunciar à abundância.*

Como Eu salientei, tudo que vocês teriam de fazer é pegar o um trilhão de dólares gastos anualmente em todo o mundo em objetivos militares e destiná-los a objetivos humanitários, e resolveriam o problema sem gastar um centavo a mais ou deslocar a riqueza de onde está para onde não está.

*(É claro que poderia ser argumentado que os conglomerados internacionais que lucram com a guerra e os instrumentos de guerra seriam "perdedores" — como o seriam seus empregados e todos aqueles cuja abundância provém da consciência de conflito mundial — mas talvez sua fonte de abundância esteja no lugar errado. Se alguém de*pende *dos conflitos mundiais para sobreviver, talvez essa dependência explique por que seu mundo resiste a* qualquer *tentativa de criar uma estrutura para a paz duradoura.)*

Quanto à segunda parte da sua pergunta, querer conservar as coisas pelas quais você lutou tanto, como um indivíduo ou uma nação, não é um absurdo, se você partir de uma consciência de Mundo Exterior.

Uma o quê?

Se você tirar a maior felicidade de sua vida das experiências que só podem ser obtidas no Mundo Exterior — o mundo físico fora de você — nunca quererá renunciar a nada do que acumulou, como uma pessoa e uma nação, para ser feliz.

E enquanto aqueles que "não têm" acharem que a sua infelicidade *está ligada à* falta *de bens materiais, também ficarão presos na armadilha. Sempre desejarão o que você tem e você sempre se recusará a partilhá-lo.*

É por isso que Eu disse antes que há um modo de acabar realmente com a guerra — e toda *a experiência de inquietação e falta de paz. Mas é uma* solução espiritual.

Em última análise, todo problema geopolítico, como todo problema pessoal, tem origem em um problema espiritual.

Toda a vida *é espiritual e, portanto, todos os problemas da vida têm uma origem espiritual —* e são resolvidos espiritualmente.

A causa das guerras em seu planeta é que alguém tem algo que outro cobiça. Isso é o que leva alguém a fazer *algo que outro não quer que faça.*

Todos os conflitos surgem do desejo inadequado.

A única paz no mundo que é duradoura é a Paz Interior.

Deixe cada pessoa encontrar a paz interior. Quando você a encontrar, descobrirá que é indispensável.

Isso significa que você simplesmente não precisa mais das coisas de seu mundo exterior. "Não precisar" é uma grande libertação. Em primeiro lugar, isso o livra do medo — de haver algo que você não terá; que você tem e perderá; e de que sem uma determinada coisa não será feliz.

Em segundo, "não precisar" o livra da raiva. A raiva é o medo *manifestado. Quando você não tem nada a temer, não tem do que sentir raiva.*

Você não sente raiva quando não consegue o que quer, porque seu ato de querer foi simplesmente uma preferência, não uma necessidade. Por isso não tem medo associado à possibilidade de não obtê-lo. E conseqüentemente, não tem raiva.

Você não sente raiva quando vê outras pessoas fazendo o que não quer que façam, porque não precisa *de que elas façam ou não uma determinada coisa. Conseqüentemente, não tem raiva.*

Você não sente raiva quando alguém é grosseiro, porque não precisa *de que essa pessoa seja gentil. Não sente raiva quando alguém não o ama, porque não* precisa *de que essa pessoa o ame. Não sente raiva quando alguém é cruel ou tenta prejudicá-lo, porque não* precisa *de que essa pessoa se comporte de outro modo, e sabe que não pode ser prejudicado.*

Você nem mesmo sente raiva se alguém tentar tirar a sua vida, porque não teme a morte.

Quando o medo é tirado de você, tudo o mais pode ser tirado e não sentirá raiva.

Você sabe em seu íntimo, intuitivamente, que tudo que criou pode ser recriado, ou — mais importante ainda — que isso não importa.

Quando você encontra a Paz Interior, nem a presença nem a ausência de uma pessoa, de um lugar ou de uma coisa, nem uma condição, uma circunstância ou uma situação pode ser o Criador de seu estado mental ou a causa de sua experiência de ser.

Isso não significa que você rejeita todas as coisas do corpo. Longe disso. Significa que você experimenta estar plenamente em seu corpo e os prazeres *disso, como nunca experimentou antes.*

Contudo, seu envolvimento com as coisas do corpo será voluntário, não obrigatório. Você experimentará fisicamente sensações porque escolhe *experimentá-las, não porque é* obrigado *a fazê-lo para se sentir feliz ou justificar a tristeza.*

Essa única e simples mudança — tentar encontrar a paz interior — poderia, se fosse feita por todas as pessoas, acabar com as guerras, com os conflitos e com as injustiças, e proporcionar ao mundo uma paz duradoura.

Não há nenhuma outra fórmula necessária, ou possível. *A paz do mundo é uma coisa pessoal!*

O que é preciso não é de uma mudança de situação, mas de consciência.

Como podemos encontrar a paz interior quando estamos famintos? Ter serenidade quando estamos sedentos? Permanecer calmos quando estamos molhados, com frio e sem abrigo? Ou evitar a raiva quando os nossos entes queridos morrem sem um motivo? O Senhor fala poeticamente, mas a poesia é prática? Ela tem algo a dizer para a mãe na Etiópia que vê seu filho esquelético morrer por falta de um pedaço de pão? Para o homem na América Central que sente uma bala atravessar o seu corpo porque ele tentou evitar que um exército invadisse o seu povoado? E o que a sua poesia tem a dizer para a mulher no Brooklyn estuprada oito vezes por uma gangue? Ou para a família de seis membros na Irlanda morta por uma bomba terrorista colocada em uma Igreja em uma manhã de domingo?

Isso é difícil de ouvir, mas Eu lhe digo que há perfeição em tudo. Tente vê-la. Essa é a mudança de consciência da qual falo.

Não precisar de coisa alguma. Desejar tudo. Escolher o que se apresenta.

Tenha os seus sentimentos. Chore as suas lágrimas. Dê as suas risadas. Honre a sua verdade. Contudo, quando toda a emoção se for, fique calmo e saiba que Eu sou Deus.

Em outras palavras, no meio da maior tragédia, veja a glória do processo. Mesmo quando você morrer com uma bala atravessando o seu peito, ou for estuprada por uma gangue.

Agora isso parece uma coisa impossível de fazer. Contudo, quando você passar a ter a consciência de Deus, poderá fazê-la.

É claro que não tem *de fazê-la. Isso depende de como deseja experimentar o momento.*

Em uma ocasião de grande tragédia, o desafio é sempre aquietar a mente e penetrar fundo na alma.

Você o faz automaticamente quando não tem controle sobre isso.

Já conversou com uma pessoa que acidentalmente atirou um carro de uma ponte? Ou se viu diante de um revólver? Ou quase se afogou? Freqüentemente essas pessoas dizem que o tempo passou mais devagar, foram dominadas por uma estranha calma e não sentiram medo.

"Não temerás mal algum porque Eu estou contigo." É isso que a sua poesia tem a dizer para a pessoa que enfrenta a tragédia. Em seu momento de maior escuridão, Eu serei a sua luz. Em seu momento mais triste, Eu serei o seu consolo. Em seu momento mais difícil, Eu serei a sua força. Portanto, tenham fé! Porque Eu sou o seu pastor; nada lhe faltará. Eu o farei deitar em pastos verdejantes; Eu o guiarei mansamente a águas tranqüilas.

Eu refrigerarei a sua alma e o guiarei nas veredas da justiça por amor a Meu nome.

E sim, ainda que você ande pelo vale da Sombra da Morte, não temerá mal algum, porque Eu estou contigo. Minha vara e meu cajado o consolarão.

Eu preparo uma mesa perante você na presença dos seus inimigos. Ungirei com óleo a sua cabeça. Seu cálice transbordará.

Certamente que a bondade e a misericórdia o seguirão todos os dias da sua vida, e você habitará em Minha casa — e em Meu coração — eternamente.

Capítulo 12

Isso é maravilhoso. O que o Senhor disse é simplesmente maravilhoso. Eu gostaria que o mundo pudesse entendê-Lo, acreditar nisso.

Este livro será útil nesse sentido. Portanto, você está tendo um papel, fazendo a sua parte, no que diz respeito a elevar a Consciência Coletiva. É o que todos devem fazer.

Sim.

Podemos passar para outro tema agora? Eu acho que é importante falarmos sobre essa posição — essa idéia das coisas — que o Senhor disse há pouco que queria justamente apresentar.

A posição à qual me refiro é a tomada por muitas pessoas, de achar que os pobres receberam o suficiente; de que devemos parar de lançar impostos sobre os ricos — de fato penalizando-os por trabalhar duro e "ser bem-sucedidos" — para dar ainda mais para os pobres.

Essas pessoas acham que os pobres são pobres basicamente porque querem ser. Muitos nem mesmo tentam melhorar de vida. Preferem mamar na teta do governo a assumir a responsabilidade por si mesmos.

Há muitas pessoas que acham que a redistribuição de renda — o partilhar — é um mal comunista. Elas citam o Manifesto Comunista

— "de todos de acordo com a sua capacidade para todos de acordo com sua necessidade" — como evidência da origem satânica da idéia de garantir a dignidade humana básica para todos através dos esforços de todos.

Essas pessoas acreditam em "cada um por si". Se lhes dizem que esse conceito é cruel e desumano, elas se defendem com a afirmação de que as oportunidades batem à porta de todos igualmente; dizem que nenhum homem opera com uma desvantagem inata; que se *eles* puderam "ser bem-sucedidos" *todos podem* — e se alguém não pode "é por sua própria culpa".

Você acha que esse é um pensamento arrogante, baseado na ingratidão.

Sim. Mas o que o Senhor acha?

Eu não tenho um julgamento a esse respeito. Isso é simplesmente um pensamento. Há apenas uma pergunta importante em relação a esse ou a qualquer outro pensamento. É útil para você pensar assim? Em termos de Quem Você É e Quem deseja Ser, esse pensamento lhe é útil?

Olhando para o mundo, essa é a pergunta que as pessoas têm de fazer. É útil para nós termos esse pensamento?

Eu observo que há pessoas — de fato, grupos *inteiros de pessoas — que* nasceram com *o que vocês chamam de desvantagem. Isso é claramente verdade.*

Também é verdade que, em um nível metafísico muito elevado, ninguém "está em desvantagem" porque cada alma cria para si mesma as pessoas, os eventos e as circunstâncias de que precisa para realizar o que deseja.

Você escolhe tudo. Seus pais. Sua terra natal. E todas as circunstâncias que cercam a sua reentrada.

De igual modo, durante toda a sua vida você continua a escolher e a criar pessoas, eventos e circunstâncias que visam a lhe proporcionar as oportunidades exatas, certas e perfeitas que agora deseja para conhecer-se como realmente *é.*

Em outras palavras, ninguém "está em desvantagem", dado o que a alma *deseja realizar. Por exemplo, a alma pode* desejar *trabalhar com um corpo defeituoso, em uma sociedade repressiva ou sob grandes limitações políticas ou econômicas para produzir as condições necessárias para realizar o que pretende.*

Portanto, vemos que as pessoas realmente *enfrentam "desvantagens" no sentido* físico, *mas que na verdade essas são as condições certas e perfeitas* metafisicamente.

Na prática, o que isso significa para nós? Deveríamos oferecer ajuda às pessoas "em desvantagem", ou simplesmente perceber que, na verdade, elas estão exatamente onde *desejam* estar e por isso permitir-lhes "suportar o seu próprio carma"?

Essa é uma pergunta muito boa — e muito importante.

Em primeiro lugar, lembre-se de que tudo o que você pensa, diz e faz é um reflexo do que decidiu sobre si mesmo; uma afirmação de Quem Você É; um ato de criação *em sua decisão de quem quer* ser. *Eu repito isso porque é a única coisa que você está fazendo aqui; esse é o seu objetivo. Não há nada mais acontecendo, nenhuma outra coisa para a alma fazer. Você está tentando ser e experimentar Quem Realmente É — e criar isso. Está se recriando em todos os momentos do Agora.*

Dentro desse contexto, quando você encontra uma pessoa que parece, nos termos relativos como é observado em seu mundo, estar em desvantagem, a primeira pergunta que tem de fazer é: quem eu sou e quem escolho ser em relação a isso?

Em outras palavras, a primeira pergunta quando você encontra uma pessoa em qualquer *circunstância deveria ser sempre: o que eu desejo aqui?*

Você ouviu isso? Sua primeira pergunta tem de ser sempre: o que eu desejo aqui? E não: o que a outra pessoa deseja aqui?

Esse é o *insight* mais fascinante que me foi fornecido sobre o modo de proceder nos relacionamentos humanos. Vai contra tudo que sempre me ensinaram.

Eu sei. Mas o motivo pelo qual seus relacionamentos estão tão confusos é que você sempre tenta descobrir o que a outra pessoa deseja e o que as outras pessoas *desejam — em vez do que* você *realmente deseja. Então tem de decidir se deve* dar *isso a elas. E é assim que decide: vendo o que pode desejar* delas. *Se acha que não deseja coisa alguma delas, o principal motivo para dar-lhes o que desejam desaparece, e você raramente lhes dá. Se, por outro lado, acha que há algo que deseja ou pode desejar delas, seu instinto de sobrevivência se manifesta e você tenta dar-lhes o que desejam.*

Depois você se ressente disso — especialmente se a outra pessoa acaba não lhe dando o que você deseja.

Nesse Jogo de Interesses *você estabelece um equilíbrio muito delicado. Satisfaça as minhas necessidades e eu satisfarei as suas.*

Contudo, o objetivo de todos os relacionamentos humanos — entre nações, assim como entre indivíduos — não tem nada que ver com isso. O objetivo de seu Relacionamento Sagrado com as outras pessoas, os outros lugares ou as outras coisas não é descobrir o que desejam ou do que precisam, mas o que você *deseja ou do que precisa agora para* evoluir, *ser Quem* Deseja *Ser.*

É por isso que Eu criei *Relacionamentos com outras coisas. Se não fosse assim, você poderia ter continuado a viver em um vácuo, em um vazio, na Totalidade Eterna de onde veio.*

Contudo, na Totalidade você simplesmente é e não pode experimentar sua "consciência" como algo em particular *porque, na Totalidade,* não há nada que você não seja.

Então Eu inventei um modo de você se recriar e Saber *Quem É* em sua experiência. *Fiz isso fornecendo-lhe:*

1. A Relatividade — um sistema no qual você pode existir como uma coisa em relação a outra.

2. O Esquecimento — um processo pelo qual você se submete voluntariamente à amnésia total, para que não possa saber *que a relatividade é apenas um truque, e que você é Tudo.*

3. A Consciência — um estado de Ser no qual você evolui até ter a consciência plena e tornar-se o Deus Verdadeiro e Vivo, criando e experimentando sua própria realidade, expandindo-a e explorando-a, mudando-a e recriando-a à medida que vai expandindo a sua consciência até novos limites — ou digamos, a ausência de limites.

Nesse paradigma, a Consciência é tudo.

A consciência — aquilo de que você realmente está consciente — é a base de toda a verdade e, portanto, de toda a verdadeira espiritualidade.

Mas qual é o objetivo disso tudo? Primeiro o Senhor nos fez *esquecer* de Quem Somos, para que possamos nos lembrar de Quem Somos?

Não é bem assim. Para que vocês possam criar *Quem São e Quem* Desejam Ser.

Esse é o ato de Deus ser Deus. Sou Eu sendo Eu — por intermédio de você!

Esse é o objetivo de toda vida.

Por seu intermédio, Eu experimento *ser Quem e O Que Sou.*

Sem você, Eu poderia saber disso, mas não experimentá-lo.

Saber e experimentar são duas coisas diferentes. Eu sempre escolherei experimentar.

De fato, faço isso. Por seu *intermédio.*

Eu acho que perdi o fio da meada aqui.

Bem, é difícil manter Deus preso a um assunto. Eu tendo a me expandir.

Vamos ver se podemos voltar um pouco.

Ah, sim — o que fazer em relação aos menos favorecidos.

Em primeiro lugar, decidir Quem e O Que Você É em Relação a eles.

Em segundo, se você decidir que deseja experimentar-se como sendo Ajuda, Amor, Compaixão e Dedicação, veja como pode ser essas coisas de uma forma melhor.

E note que a sua capacidade de ser essas coisas não tem nada que ver com o que as outras pessoas estão sendo ou fazendo.

Às vezes o melhor modo de amar e ajudar uma pessoa é deixá-la em paz *ou dar-lhe poder para ajudar a si mesma.*

Isso é como um banquete. A vida é um grande prato e você pode dar-lhe uma grande oportunidade de se servir.

Lembre-se de que a maior ajuda que você pode dar a uma pessoa é fazê-la despertar, *lembrá-la de Quem Realmente É. Há muitos modos de fazer isso. Às vezes com um pouco de ajuda; um empurrão, uma sacudidela, uma cutucada ... e em outras ocasiões com uma decisão de deixá-la seguir o seu rumo, trilhar o seu caminho, sem qualquer interferência ou intervenção de sua parte. (Todos os pais conhecem essa opção e sofrem diariamente com ela.)*

O que você tem a oportunidade de fazer pelos menos favorecidos é relembrá-los. *Isto é, fazê-los ter uma Nova Opinião sobre si mesmos.*

E você também tem de ter uma Nova Opinião sobre eles, porque se você *os considerar desventurados,* eles *o serão.*

O grande dom de Jesus era ver todas as pessoas como realmente eram. Ele se recusava a se guiar pelas aparências; a acreditar no que as outras acreditavam em relação a si mesmas. Sempre teve um pensamento superior, e convidou as outras pessoas a tê-lo.

Contudo, Jesus também respeitou o que as outras pessoas escolhiam ser. Não exigia que elas aceitassem a sua idéia superior, apenas a expunha como um convite.

Ele também tinha compaixão — e se as outras pessoas escolhessem ver-se como Seres necessitados de ajuda, não as rejeitava por sua avaliação falha, mas permitia-lhes amar a sua Realidade — e as ajudava carinhosamente a experimentar a sua escolha.

Porque Jesus sabia que para alguns o caminho mais rápido para Quem Eles Eram era o caminho por meio *de Quem Eles não Eram.*

Ele não considerava esse caminho imperfeito e, portanto, o condenava. Também *o via como "perfeito" — e por isso apoiava todos os que eram quem desejavam ser.*

Por esse motivo, todos os que pediam ajuda a Jesus a recebiam.

Ele não a negava a ninguém — mas tinha sempre o cuidado de fazer com que a ajuda que dava satisfizesse ao desejo pleno e honesto da pessoa.

Se as outras pessoas buscavam realmente a iluminação, mostrando francamente que estavam prontas para ir para o próximo nível, Jesus lhes dava a força, a coragem e a sabedoria para fazê-lo. Ele se colocava corretamente como um exemplo e as incentivava, se não pudessem fazer outra coisa, a ter fé Nele. *Dizia que não as tiraria do bom caminho.*

Muitos realmente tiveram fé Nele — e até hoje Jesus ajuda àqueles que evocam o Seu nome. Porque a sua alma tem o compromisso de despertar aqueles que tentam estar totalmente despertos e vivos em Mim.

Contudo, Cristo tinha piedade *daqueles que não agiam dessa forma. Por isso rejeitava a hipocrisia e — como faz o seu Pai no Céu — nunca fazia julgamentos.*

A idéia de Jesus do Amor Perfeito era dar a todas as pessoas exatamente a ajuda que pediam depois de dizer-lhes o tipo de ajuda que poderiam obter.

Ele nunca se recusava a ajudar alguém, e no mínimo ajudava com a idéia de que "você fez a cama, agora deite-se nela".

Jesus sabia que se desse às pessoas a ajuda que pediam, em vez de apenas a que queria dar, estaria dando-lhes poderes no nível em que estavam prontas para recebê-los.

Esse é o modo de agir de todos os grandes mestres. Daqueles que viveram em seu planeta no passado e dos que vivem atualmente.

Agora eu estou confuso. Quando é que a ajuda *tira* poderes? Quando trabalha contra a, em vez de a favor da, evolução da pessoa?

Quando a ajuda é oferecida de um modo que cria dependência contínua, em vez de independência rápida.

Quando você permite que outra pessoa, em nome da compaixão, comece a fiar-se em você, em vez de em si mesma.

Isso não é compaixão, é compulsão. Você tem uma compulsão pelo poder. Porque esse tipo de ajuda realmente tira o poder. Essa distinção pode ser muito sutil aqui, e às vezes você nem mesmo sabe que o está tirando. Realmente acredita que está apenas fazendo o melhor para ajudar a outra pessoa... mas tenha o cuidado de não estar apenas tentando criar o seu próprio valor pessoal. Porque na medida em que você permite que as outras pessoas o tornem responsável por elas, terá permitido que elas o tornem poderoso. E isso, é claro, o faz sentir-se bem.

Contudo, esse tipo de ajuda é um afrodisíaco que seduz os fracos.

O objetivo é ajudar os fracos a se tornarem fortes, não deixar os fracos se tornarem mais fracos.

Esse é o problema com muitos programas de ajuda do governo, porque eles freqüentemente deixam os fracos mais fracos, em vez de mais fortes. Os programas de governo podem perpetuar-se. Seu objetivo pode ser tanto justificar sua existência como ajudar àqueles que devem ser ajudados.

Se houvesse um limite para toda a ajuda governamental, as pessoas seriam ajudadas quando realmente precisassem de ajuda, mas não se acostumariam com ela, substituindo-a pela confiança em si mesmas.

Os governos entendem que ajuda é poder. É por isso que oferecem o máximo de ajuda ao máximo de pessoas possível — porque tanto mais pessoas o governo ajuda, mais pessoas ajudam o governo.

Quem o governo apóia, apóia o governo.

Então *não* deveria haver uma redistribuição de renda. O Manifesto Comunista *é* satânico.

É claro que não *existe Satã, mas Eu compreendo o que você quer dizer.*

A idéia por trás da afirmação "de todos de acordo com a sua capacidade, para todos de acordo com a sua necessidade" não é diabólica, é linda. É simplesmente outro modo de dizer que você é o protetor do seu irmão. É a colocação em prática dessa bela idéia que pode tornar-se feia.

A partilha deve ser um estilo de vida, não um decreto imposto pelo governo. Deve ser voluntária, não forçada.

Mas — lá vamos nós novamente! — na melhor das hipóteses, o governo *é o povo* e seus programas são simplesmente mecanismos pelos quais as pessoas partilham com muitas outras, como um "estilo de vida". Eu argumentaria que elas, coletivamente por meio de seus sistemas políticos, escolheram fazê-lo porque observaram, e a história mostrou isso, que aqueles "que têm" *não* partilham com aqueles "que não têm".

Os camponeses russos poderiam ter esperado eternamente para a nobreza russa partilhar a sua riqueza — que geralmente era obtida e aumentada através do seu trabalho duro. Os camponeses recebiam apenas o suficiente para sobreviver, como um "incentivo" para continuarem a trabalhar na terra — e tornar os seus proprietários mais ricos. Fale sobre um *relacionamento de dependência!* Aquilo era um arranjo do tipo eu-só-o-ajudo-se-você-me-ajudar mais explorativo e imoral que qualquer outra coisa inventada pelo governo!

E foi contra essa imoralidade que os camponeses russos se revoltaram. Um governo que garantia que todas as pessoas seriam tratadas igualmente surgiu da frustração do povo com o fato de que aqueles "que tinham" *não* davam coisa alguma *por sua livre vontade* para aqueles que "não tinham".

Foi quando Maria Antonieta disse ao povo faminto e esfarrapado que clamava debaixo de sua janela, enquanto ela estava mergulhada em uma banheira de ouro sobre um pedestal com incrustações de pedras preciosas, mastigando uvas importadas. "Que comam *croissants*!"

Essa é a posição da qual os oprimidos reclamam. É a que causa revolução e cria os assim chamados governos opressores.

Os governos que tiram dos ricos e dão para os pobres são chamados de opressores, ao passo que os governos que não fazem coisa alguma enquanto os ricos *exploram* os pobres são chamados de repressores.

Fale sobre isso com os camponeses do México até mesmo hoje em dia. Dizem que vinte ou trinta famílias — a elite rica e poderosa — literalmente *governam* o México (principalmente porque são *donas* dele!), enquanto vinte ou trinta *milhões* sofrem privações. Por esse motivo, em 1993-94, os camponeses se revoltaram tentando forçar o governo elitista a cumprir o seu dever de ajudar as pessoas a conseguir os meios de viver com um mínimo de dignidade. Há uma diferença entre os governos elitistas e os governos "do, pelo e para o povo".

Os governos do povo não são criados por pessoas irritadas e frustradas com o egoísmo básico da natureza humana? Os programas de governo não são criados como um remédio para a pouca disposição do homem de fornecer ele próprio um remédio?

Essa não é a origem das leis que regem os reformatórios e o trabalho infantil, e dos programas de apoio para as mães com filhos dependentes?

A Previdência Social não foi uma tentativa do governo de fornecer aos idosos o que as suas próprias famílias não poderiam lhes oferecer?

Como reconciliamos nosso ódio ao controle governamental com a nossa falta de desejo de fazer o que *não temos* de fazer quando *não existe* controle?

Dizem que alguns trabalhadores das minas de carvão trabalhavam sob condições *péssimas* antes que os governos exigissem que os sórdidos proprietários das minas pusessem em ordem as suas sórdidas minas. Por que os proprietários não fizeram isso por si mesmos? Porque diminuiriam os seus *lucros!* E os ricos não se importavam com quantos pobres *morriam* nas minas sem segurança para manter os seus lucros aumentando.

Os proprietários pagavam aos trabalhadores em início de carreira salários de *fome* antes de os governos estabelecerem um salário mínimo. Aqueles que são a favor de uma volta aos "velhos e bons tempos" dizem: "E daí? Eles forneciam *empregos*, não é? E, afinal de contas, quem assumia o *risco?* O trabalhador? Não! O *investidor*, o *proprietário*, assumia todos os riscos! Então ele deveria ficar com a maior parte!"

Qualquer um que ache que os trabalhadores de cujo trabalho os proprietários dependem deveriam ser tratados com dignidade é chamado de *comunista.*

Qualquer um que ache que não deveria ser negado moradia a uma pessoa devido à cor de pele é chamado de *socialista.*

Qualquer um que ache que não deveriam ser negadas a uma mulher oportunidades de emprego ou promoção simplesmente porque ela é do sexo errado é chamado de *feminista radical.*

E quando os governos, através de seus representantes eleitos, tentam resolver esses problemas — que as pessoas com poder na sociedade se recusam terminantemente a resolver — são chamados de opressivos! (Nunca pelas pessoas às quais ajudam. Apenas pelas que se recusam a ajudar.)

Em nenhum lugar isso é mais evidente do que na saúde pública. Em 1992, um presidente americano e sua esposa decidiram que era injusto e errado milhões de pessoas não terem acesso à saúde pública preventiva. Essa idéia deu início a um debate sobre saúde que causou divergências até mesmo entre a profissão médica e as empresas seguradoras.

A verdadeira questão não é que solução era melhor; o plano proposto pelo governo ou o proposto pelas empresas privadas. A verdadeira questão é: *Por que a iniciativa privada não propôs a sua própria solução há muito tempo?*

Eu lhe *digo* por quê. Porque não *teve de fazer isso*. Ninguém estava reclamando. E a iniciativa privada é movida pelos lucros.

Lucros, lucros e mais lucros.

Portanto, minha opinião é a de que podemos gritar e reclamar o quanto quisermos. A verdade pura e simples é que os governos fornecem soluções quando o setor privado não faz coisa alguma.

Também podemos afirmar que os governos estão fazendo o que estão fazendo contra a vontade das pessoas, mas enquanto as pessoas controlarem o governo — como fazem em grande parte nos Estados Unidos — este continuará a encontrar e exigir soluções para os males sociais porque a *maioria das pessoas não* é rica e poderosa, e por isso *consegue por meio de leis o que a sociedade não dá voluntariamente.*

Somente nos países em que a maioria das pessoas *não* controla o governo este faz pouco ou coisa alguma para acabar com as desigualdades.

Daí, então, o problema: quanto o governo é excessivo? quanto é insuficiente? E onde e como chegamos a um equilíbrio?

Uau! Nunca o vi falar assim! Pelo menos quando tomou a palavra em nossos dois livros.

Bem, o Senhor disse que este livro trataria de alguns dos problemas maiores e globais da família humana. Acho que expus um grande.

Sim. Eloqüentemente. Todos, de Toynbee a Jefferson e Marx tentam resolvê-lo há séculos.

E qual é a *Sua* solução?

Nós temos de voltar um pouco atrás aqui.

Vá em frente. Talvez eu precise ouvir isso duas vezes.

Então começarei com o fato de que não *tenho uma "solução", porque não considero nada disso problemático. É apenas o que é, e não tenho preferências a respeito. Estou meramente descrevendo aqui o que é observável; o que todos podem ver claramente.*

Está certo, o Senhor não tem uma solução ou uma preferência. Pode me fazer uma observação?

Eu observo que o mundo ainda não inventou um sistema de governo que forneça uma solução total — embora o governo dos Estados Unidos seja até agora o que chegou mais perto disso.

A dificuldade é que a bondade, a justiça e as questões morais não são políticas.

O governo é a tentativa humana de impor a bondade e garantir a justiça. Contudo, há apenas um lugar em que a bondade nasce, e é no coração humano. Há apenas um lugar em que a justiça pode ser conceitualizada, e é na mente humana. Há apenas um lugar em que o amor pode ser verdadeiramente experimentado, e é na alma humana. Porque a alma humana é amor.

Você não pode impor a moralidade por meio de leis. Não pode promulgar uma lei que determina: "Amem uns aos outros."

Agora estamos andando em círculos, porque já falamos sobre tudo isso antes. Ainda assim, a discussão é boa, por isso continue atento a ela. Mesmo se repetirmos a mesma coisa duas ou três vezes, tudo bem. A tentativa aqui é examinar isso em profundidade; ver como você deseja criá-lo agora.

Bem, vou fazer a mesma pergunta que fiz antes. Todas as leis não são apenas a tentativa do homem de codificar conceitos morais? A "legislação" não é simplesmente nossa concordância a respeito do que é "certo" e "errado"?

Sim. E certas leis civis — regras e regulamentos — são necessárias em sua sociedade primitiva. (Você compreende que nas sociedades não-primitivas essas leis são desnecessárias. Todas as pessoas governam a si mesmas.) Em sua sociedade, você ainda se depara com algumas questões muito elementares. Deve parar na esquina antes de prosseguir? Deve comprar e vender de acordo com certas condições? Haverá restrições a respeito de como você se comporta com outra pessoa?

Mas na verdade, até mesmo essas leis básicas — que proíbem o assassinato, os danos, a fraude ou até mesmo o avanço de um sinal vermelho — não deveriam ser necessárias e não o seriam se todas as pessoas simplesmente cumprissem as Leis do Amor.

Isto é, a Lei de Deus.

O que é necessário é um desenvolvimento da consciência, não do governo.

O Senhor quer dizer que se nós apenas seguíssemos os Dez Mandamentos tudo ficaria bem?

Não existe essa coisa de Dez Mandamentos. (Veja o Livro I para uma discussão completa sobre esse assunto.) A Lei de Deus é a Ausência de Lei. Isso é algo que você não pode compreender.

Eu não exijo coisa alguma.

Muitas pessoas não conseguem acreditar em Sua última frase.

Que elas leiam o Livro I. Ele a explica detalhadamente.

É isso que o Senhor está sugerindo para este mundo? A anarquia total?

Eu não estou sugerindo coisa alguma. Estou meramente observando o que dá certo. Estou lhe dizendo o que é claramente assim. E não, não observo que a anarquia — a ausência de governo, regras, regulamentos ou limitações de qualquer tipo — daria certo. Esse arranjo só é prático com seres evoluídos, o que não observo que os humanos são.

Portanto, algum nível de governo será necessário até a sua raça chegar ao ponto de fazer naturalmente *o que é* naturalmente certo.

Vocês tiveram a sabedoria de se governar nesse ínterim. As coisas que você disse há pouco são evidentes, irrefutáveis. Freqüentemente as pessoas não *fazem o que é "certo" voluntariamente.*

A verdadeira pergunta não é: por que os governos impõem tantas leis e normas ao povo? Mas: por que os governos têm *de fazer isso?*

A resposta tem que ver com a sua Consciência de Separação.

O fato de nos vermos como separados uns dos outros.

Sim.

Mas se não estamos separados, então *somos* Um. E isso não significa que *somos* responsáveis uns pelos outros?

Sim.

Mas isso não tira de nós o poder de alcançar a grandeza individual? Se somos responsáveis por todas as outras pessoas, então o Manifesto Comunista estava certo! "De todos de acordo com a sua capacidade para todos de acordo com a sua necessidade."

Isso é, como Eu já disse, uma idéia muito nobre. Mas deixa de ser quando é imposta. Essa foi a dificuldade com o comunismo. Não o conceito, mas a sua colocação em prática.

Há aqueles que dizem que o conceito *teve* de ser imposto porque vai contra a natureza básica do homem.

Você acertou em cheio. O que precisa ser mudado é a natureza básica do homem. É isso que deve ser feito.

Criar a mudança de consciência da qual o Senhor falou.

Sim.

Mas estamos andando novamente em círculos. Uma consciência de grupo não tiraria o poder dos indivíduos?

Vamos analisar isso. Se todas as pessoas no planeta tivessem as suas necessidades básicas satisfeitas — se as massas pudessem viver dignamente e escapar da luta pela simples sobrevivência — isso não abriria o caminho para toda a humanidade dedicar-se a atividades mais nobres?

A grandeza individual seria realmente suprimida se a sobrevivência individual fosse garantida?

A dignidade universal deve ser sacrificada em prol da glória individual?

Que tipo de glória é obtida quando ela é atingida à custa dos outros?

Eu coloquei recursos mais do que suficientes em seu planeta para garantir a subsistência de todos. Como é possível milhares de pessoas morrerem de fome a cada ano? Centenas não terem lar? Milhões implorarem por simples dignidade?

O tipo de ajuda que poria fim a isso não *é o tipo de ajuda que tira o poder.*

Se os seus afortunados dizem que não querem ajudar os famintos e sem lar porque não querem tirar-lhes o poder, são hipócritas. Porque ninguém é realmente "afortunado" se o é enquanto outras pessoas estão morrendo.

A evolução de uma sociedade é medida na proporção em que trata bem seus membros menos importantes. Como Eu já disse, o desafio é encontrar o equilíbrio entre ajudar as pessoas e prejudicá-las.

O Senhor tem alguma orientação a oferecer?

Uma orientação geral poderia ser esta: quando em dúvida, sempre opte pela compaixão.

O teste para saber se você está ajudando ou prejudicando: seus companheiros humanos se desenvolveram ou se limitaram como resultado da sua ajuda? Você os tornou maiores ou menores? Mais ou menos capazes?

Tem sido dito que se dermos todas as coisas para as pessoas, elas desejarão cada vez menos trabalhar para obtê-las.

Mas por que deveriam trabalhar para ter um mínimo de dignidade? Não há o suficiente para todos? Por que "trabalhar para isso" deveria ter algo que ver com tudo?

A dignidade humana básica não é o direito inato de todos? Não deveria *ser?*

Se alguém deseja mais *do que os níveis mínimos — mais comida, abrigos maiores, roupas melhores para o corpo — pode tentar atingir esses objetivos. Mas deveria ser preciso lutar para* sobreviver *— em um planeta em que há mais do que o suficiente para todos?*

Essa *é a questão principal enfrentada pela humanidade.*

O desafio não é tornar todos iguais, mas dar a todos pelo menos a garantia da sobrevivência básica com dignidade, para que todos possam ter a chance de escolher o que mais desejam.

Há aqueles que argumentam que alguns não aproveitam essa chance quando ela lhes é dada.

E esse argumento é correto. Isso levanta ainda outra questão: você deve dar outra chance, e outra ainda, para aqueles que não aproveitam as oportunidades que lhes são dadas?

Não.

Se Eu tomasse essa atitude, vocês estariam irremediavelmente perdidos.

Eu lhe digo que a compaixão e a paciência são infinitas no Mundo de Deus. Somente no mundo do homem a bondade é limitada.

Em Meu Mundo, a bondade é infinita.

Mesmo se nós não a merecemos.

Vocês sempre *a merecem!*

Mesmo se atiramos a Sua bondade de volta em Sua face?

Especialmente se fazem isso ("Se um homem bater no lado direito da sua face, ofereça-lhe o outro lado. E se um homem lhe pedir para caminhar um quilômetro com ele, caminhe dois.") Quando vocês atiram a Minha bondade de volta em Minha face (o que, aliás, a raça humana faz com Deus há milênios), Eu vejo que estão meramente enganados. *Não sabem o que é de seu interesse. Eu tenho compaixão porque o seu engano não se baseia na maldade, mas na ignorância.*

Mas algumas pessoas são *básica e realmente más.*

Quem lhe disse isso?

É o que observo.

Então você não enxerga bem. Eu já lhe disse que ninguém faz nada de mal, dado seu modelo do mundo.

Em outras palavras, todos fazemos o melhor que podemos em um determinado momento.

Todos os atos de todas as pessoas dependem dos dados disponíveis.

Eu já disse que a consciência é tudo. Do que você está consciente? O que sabe?

Mas quando as pessoas nos agridem, ferem, prejudicam e até mesmo matam tendo em vista seus próprios objetivos, isso não é maldade?

Eu já lhe disse que toda agressão é um pedido de ajuda.

Ninguém deseja realmente prejudicar ninguém. Aqueles que o prejudicam — inclusive os seus próprios governos — o fazem com uma idéia errônea de que esse é o único modo de obter o que desejam.

Eu já descrevi em linhas gerais neste livro a melhor solução *para esse problema. Simplesmente* não deseje coisa alguma. *Tenha preferências, mas não* necessidades.

Contudo, esse é um estado de existência muito elevado; é o lugar dos Mestres.

Em termos geopolíticos, por que não trabalhar juntos como um todo para satisfazer as necessidades mais básicas de todos nós?

Estamos fazendo isso — ou tentando fazer.

Depois de todos esses milênios da história humana, isso é o máximo que pode dizer?

O fato é que vocês praticamente não evoluíram. Ainda operam com uma mentalidade primitiva de "cada um por si".

Vocês roubam da Terra todos os seus recursos, exploram o seu povo e privam sistematicamente de direitos civis aqueles que discordam do que estão fazendo, chamando-os de "radicais".

Fazem tudo isso por motivos egoístas, porque desenvolveram um estilo de vida que não podem manter de outro modo.

Vocês derrubam milhões de acres de florestas a cada ano para ter os seus jornais de domingo. Destroem quilômetros da camada protetora de ozônio que cobre o seu planeta para ter os seus sprays *de cabelo. Poluem irreparavelmente os seus rios e riachos para suas indústrias lhes fornecerem cada vez Mais. E exploram os mais fracos entre vocês — os menos favorecidos, menos educados e menos conscientes — para viver no topo da escala humana com um luxo sem precedentes (e desnecessário). Finalmente,* negam que estão fazendo isso *para perdoar a si mesmos.*

Vocês não podem aceitar em seu íntimo "viver simplesmente, para que os outros possam viver simplesmente". Esse raciocínio é simples demais para vocês. É pedir muito. Dar muito. Afinal de contas, trabalharam tanto *para ter o que têm!* Não irão abrir mão de coisa alguma! *E se o resto da raça humana — para não falar em seus próprios netos — sofrer por causa disso, que se dane, certo? Vocês fizeram o que tinham de fazer para sobreviver, "ser bem-sucedidos" — e eles podem fazer o mesmo! Afinal de contas, é cada um por si, não?*

Há algum modo de sair dessa situação confusa?

Sim. Preciso repetir? Uma mudança de consciência.

Vocês não podem resolver os problemas que afligem a humanidade por meio de ação governamental ou meios políticos. Tentam fazer isso há milhares de anos.

A mudança que deve ser feita só pode ocorrer nos corações dos homens.

O Senhor pode resumir a mudança que deve ser feita em uma única frase?

Eu já fiz isso várias vezes.

Vocês devem parar de ver Deus como separado de vocês, e vocês como separados uns dos outros.

A única *solução é a Verdade Máxima; nada existe no Universo separado das outras coisas.* Tudo *está intrinsecamente ligado, é definitivamente interdependente e interativo, e está entrelaçado na trama de toda a vida.*

Todo governo, toda política, deve basear-se nessa verdade. Todas as leis devem ter sua origem nela.

Essa é a esperança futura de sua raça; a única de seu planeta.

Como funciona a Lei do Amor da qual o Senhor falou antes?

O amor dá tudo e não precisa de coisa alguma.

Como podemos não precisar de coisa alguma?

Se todos de sua raça dessem tudo, do que vocês precisariam? O único motivo pelo qual precisam de alguma coisa *é o fato de que alguém a está negando.* Parem de negar!

Isso poderia não dar certo se todos nós não o fizéssemos ao mesmo tempo.

De fato. É preciso haver uma consciência global.

Contudo, como ela surgiria? Alguém tem de começar.

Esta é a sua oportunidade.

Você pode ser a fonte dessa Nova Consciência.

A inspiração.

Na verdade, deve *ser.*

Devo?

Há mais alguém aí?

Capítulo 13

Como posso começar?

Seja uma luz para o mundo, e não lhe cause danos. Tente construir, não destruir.

Traga o Meu povo para casa.

Como?

Com o seu claro exemplo. Busque apenas a Divindade. Fale apenas a verdade. Aja apenas com amor.

Cumpra a Lei do Amor agora e para sempre. Dê tudo e não necessite de coisa alguma.

Evite o que é mundano.

Não aceite o inaceitável.

Ensine a todos que desejarem aprender sobre Mim.

Torne cada momento de sua vida uma explosão de amor.

Use todos os momentos para ter o pensamento mais elevado, dizer a palavra mais nobre e realizar o ato superior. Com isso, glorifique o seu Eu Sagrado e, portanto, a Mim.

Traga paz para a terra trazendo paz para todas as vidas que você toca.

Seja *paz.*

Sinta e expresse em todos os momentos a sua Conexão Divina com o Todo, e com todas as pessoas e coisas, e todos os lugares.

Aceite todas as circunstâncias, reconheça todas as falhas, partilhe todas as alegrias, contemple todos os mistérios, caminhe com os pés de todos os homens, perdoe todas as ofensas (inclusive as suas próprias) e console todos os corações. Respeite a verdade de todos, adore o Deus de todos, garanta os direitos de todos, preserve a dignidade de todos, defenda os interesses de todos, satisfaça as necessidades de todos, presuma a santidade de todos, mostre os maiores dons de todos, produza as bênçãos e anuncie o futuro de todos — seguro do amor de Deus.

Seja um exemplo vivo da Verdade Maior que há dentro de você.

Seja humilde, para ninguém confundir a sua Verdade Maior com vanglória.

Fale suavemente para ninguém achar que você está apenas tentando chamar atenção.

Fale gentilmente o que todos poderiam saber sobre o Amor.

Fale abertamente para ninguém achar que você tem algo a esconder.

Fale francamente para não ser malcompreendido.

Fale freqüentemente para que suas palavras possam ser realmente ouvidas.

Fale respeitosamente para que ninguém seja insultado.

Fale amorosamente para que cada sílaba possa curar.

Fale de Mim de todos os modos.

Torne a sua vida uma dádiva. Lembre-se sempre de que você é a dádiva!

Seja uma dádiva para todos que entram em sua vida, e para todos em cuja vida você entra. Tenha o cuidado de não entrar *na vida de uma pessoa se não puder ser uma dádiva para ela.*

(Você sempre pode ser uma dádiva, porque é a dádiva — contudo, às vezes não se permite saber disso.)

Quando alguém entra em sua vida inesperadamente, procure a dádiva que essa pessoa veio receber de você.

Que modo extraordinário de dizer isso!

Por que outro motivo acha que outra pessoa entra em sua vida?

Eu lhe digo que todas *as pessoas que já entraram em sua vida o fizeram para receber uma dádiva sua. Ao fazerem isso, oferecem uma dádiva a* você *— a dádiva de experimentar Quem Você É.*

Quando você se der conta dessa simples verdade, quando compreendê-la, descobrirá a maior verdade de todas:

EU SÓ LHE ENVIEI ANJOS.

Capítulo 14

Eu estou confuso. Podemos retroceder apenas um pouco? Parece haver alguns dados contraditórios. Eu achei que o Senhor havia dito que às vezes a maior ajuda que podemos oferecer às pessoas é deixá-las em paz. Então achei que havia dito para eu nunca deixar de ajudar alguém se percebesse que essa pessoa precisava de ajuda. Essas duas afirmações parecem contrárias.

Deixe-Me esclarecer isso para você.

Nunca ofereça o tipo de ajuda que tira o poder. Nunca insista em oferecer a ajuda que acha que é necessária. Deixe a pessoa necessitada saber tudo que você tem a oferecer — então ouça o que ela deseja; veja o que está pronta para receber.

Ofereça a ajuda que é desejada. Freqüentemente, a pessoa diz, ou demonstra com o seu comportamento, que só quer ser deixada em paz. Apesar do que você *acha que gostaria de oferecer, deixá-la em paz talvez seja a sua Maior Dádiva.*

Se, posteriormente, algo mais for desejado, você perceberá se lhe cabe oferecê-lo. Se for esse o caso, ofereça.

Contudo, tente não oferecer coisa alguma que tire o poder. É isso que produz dependência.

Na verdade, há sempre *um modo de você ajudar alguém que também lhe dá poder.*

Ignorar *totalmente a situação difícil de uma pessoa que está procurando a sua ajuda não é a resposta, porque fazer muito pouco não dá mais poder a ela do que fazer demais. Para ter uma consciência mais elevada, você não pode ignorar deliberadamente a real situação de irmãos e irmãs, afirmando que deixá-los "pagar os seus próprios pecados" é a maior dádiva que pode lhes oferecer. Essa atitude é o mais alto nível de arrogância. Só lhe permite justificar a sua indiferença.*

Eu cito novamente a vida de Jesus e seus ensinamentos.

Porque foi Jesus quem afirmou que Eu direi para os justos: Vinde, Meus filhos abençoados, herdai o reino que Eu preparei para vós.

Porque Eu tive fome e Me destes o que comer; tive sede e Me destes o que beber; não tinha lar e Me destes abrigo.

Eu estava nu e Me vestistes; estava doente e Me visitastes; estava na prisão e Me confortastes.

E eles Me dirão: Senhor, quando foi que nós O vimos com fome e O alimentamos? Ou com sede, e Lhe demos o que beber? E quando O vimos sem lar e lhe demos abrigo? Ou nu e O vestimos? E quando O vimos doente, ou na prisão, e O confortamos?

E Eu responderei:

Em verdade, em verdade vos digo — o que fizestes para um desses Meus pequeninos, fizestes para Mim.

Essa é a Minha verdade, e o será para todo o sempre.

Capítulo 15

Eu amo o Senhor, sabe disso?

Sei. E Eu amo você.

Capítulo 16

Já que estamos discutindo aspectos mais amplos da vida em uma escala planetária, assim como examinando alguns dos elementos das nossas vidas individuais que exploramos inicialmente no Livro I, eu gostaria de perguntar-lhe sobre o meio ambiente.

O que você quer saber?

Ele de fato está sendo destruído, como afirmam alguns ambientalistas, ou essas pessoas são simplesmente radicais extremistas, comunistas liberais *el-pinko*, todas formadas em Berkeley e viciadas em drogas?

Sim para ambas as perguntas.

O qu-ê-ê-ê?

Estou apenas brincando. Sim para a primeira pergunta e não para a segunda.

A camada de ozônio e as florestas tropicais *estão* sendo destruídas?

Sim. Mas a destruição do meio ambiente não diz respeito apenas a essas coisas óbvias. Há problemas menos óbvios com os quais vocês deveriam se preocupar.

Eu preciso que o Senhor me ajude a compreender.

Bem, por exemplo, está havendo um rápido esgotamento do solo em seu planeta. Isto é, vocês estão ficando sem um solo fértil para o plantio. Isso ocorre porque o solo precisa de tempo para reconstituir-se, e seus fazendeiros ligados a corporações não *o têm. Eles querem as terras sempre produtivas. Por isso, a velha prática de alternar o cultivo de estação para estação está sendo abandonada, ou reduzida. Para compensar a perda de tempo, estão sendo colocados produtos químicos na terra para fertilizá-la mais rápido. Mas no que diz respeito a isso, como a todas as coisas, vocês não podem desenvolver um substituto artificial para a Mãe Natureza que chegue ao menos perto de fornecer-lhes o que Ela lhes fornece.*

O resultado é que, em alguns lugares, vocês estão provocando a erosão de centímetros da camada superior de substâncias nutrientes do solo. Em outras palavras, estão cultivando cada vez mais alimentos em solo que contém cada vez menos nutrientes. Não contém ferro e nem minerais. Nada que espera-se que um solo contenha. Pior ainda, estão consumindo alimentos cheios de produtos químicos que colocaram no solo em uma tentativa desesperada de reconstituí-lo. Embora esses produtos químicos não causem danos aparentes ao corpo a curto prazo, vocês descobrirão, para a sua tristeza, que a longo prazo seus resíduos, que permanecem no corpo, são nocivos para a saúde.

Esse problema da erosão do solo não é algo de que a maioria de vocês tem consciência, e tampouco a redução da reserva de solo cultivável é uma fantasia dos ambientalistas yuppies *à procura de sua próxima causa da moda. Perguntem a qualquer cientista da Terra sobre isso e ouvirão o bastante. O problema de proporções epidêmicas é mundial e sério.*

Esse é apenas um exemplo dos muitos modos pelos quais vocês estão causando danos à sua Mãe, a Terra, aquela que dá toda a vida, devido a um total desrespeito às suas necessidades e aos seus processos naturais.

Vocês estão preocupados com poucas coisas em seu planeta além de satisfazer as suas próprias paixões e necessidades imediatas (na maioria das vezes enormes) e ao infinito desejo humano de Mais. Contudo, também poderiam, como uma espécie, perguntar quando o suficiente basta.

Por que nós não damos ouvidos aos ambientalistas? Por que não fazemos caso de seus avisos?

Nisso, e em todas as questões realmente importantes que afetam a qualidade e o estilo de vida de seu planeta, há um padrão que é facilmente perceptível. Vocês criaram uma frase em seu mundo que responde perfeitamente à sua pergunta. "Corra atrás do dinheiro."

Como podemos começar a ter esperanças de resolver esses problemas quando lutamos contra algo tão difundido e traiçoeiro quanto isso?

É simples. Eliminem o dinheiro.

Eliminar o dinheiro?

Sim, ou no mínimo, eliminem a sua invisibilidade.

Eu não compreendo.

A maioria das pessoas esconde as coisas de que se envergonha, ou das quais não deseja que os outros tenham conhecimento. É por isso que a maior parte de vocês esconde a sua sexualidade e o seu dinheiro. Isso significa que não são francos em relação ao dinheiro. Acham que esse é um assunto muito particular. E aí está o problema.

Se todos soubessem tudo *sobre a situação financeira de* todas as pessoas, *haveria uma revolução em seu país e em seu planeta, como jamais foi vista. E depois dela haveria justiça, igualdade e honestidade, e o bem comum seria uma prioridade no tratamento dado aos assuntos humanos.*

Agora a justiça, a igualdade, a honestidade ou o bem comum não são possíveis, porque é muito fácil esconder o dinheiro. Vocês de fato podem, fisicamente, recebê-lo e escondê-lo. *Também há muitos modos pelos quais os contadores criativos podem fazer o dinheiro das empresas ser "escondido" ou "desaparecer".*

Como o dinheiro pode ser escondido, não há como alguém saber exatamente quanto uma pessoa tem, ou o que está fazendo com ele. Isso gera muita desigualdade, para não falar de fraudes. Por exemplo: as empresas podem pagar a duas pessoas salários muito diferentes pelo mesmo trabalho. Podem pagar a um empregado 57 mil dólares por ano e a outro 42 mil dólares para realizar exatamente a mesma função, fazendo isso simplesmente porque o primeiro tem algo que o segundo não tem.

O quê?

Um pênis.

Ah!

Sim. Ah...!

Mas o Senhor não compreende. Ter um pênis torna o primeiro empregado mais valioso do que o segundo; mais inteligente, muito mais esperto e, obviamente, mais capaz.

Hmmm. Eu não me lembro de tê-los criado assim. Quero dizer, com habilidades tão diferentes.

Bem, o Senhor criou, e estou surpreso por não saber disso. Todos neste planeta sabem.

É melhor parar com isso agora, ou as pessoas pensarão que estamos realmente falando sério.

Quer dizer que não estamos? Bem, *estamos!* As pessoas neste planeta estão. É por isso que as mulheres não podem ser padres na Igreja Católica, sacerdotes mórmons, ficar do lado errado do Muro das Lamentações em Jerusalém, assumir o cargo mais alto nas maiores empresas, pilotar aviões, ou...

Sim, chegamos ao ponto. E em Minha opinião, *seria muito mais difícil haver salários diferentes para a mesma função se todas as transações financeiras fossem tornadas visíveis, em vez de invisíveis. Pode imaginar o que aconteceria em todos os locais de trabalho do mundo se todas as empresas fossem forçadas a revelar os salários de seus empregados? Não as* variações *salariais para determinadas aptidões profissionais, mas o* salário real *de cada indivíduo.*

Bem, acabaria essa coisa de "jogar um contra o outro".

Sim.

E de "o que os olhos não vêem o coração não sente".

Sim.

E também de "se nós podemos tê-la por um terço a menos, por que pagar mais?"

Hum-hum...

E acabariam as bajulações, as "panelinhas", a política da empresa e...

E muito, muito mais coisas deixariam de existir no local de trabalho e no mundo, através do simples expediente de parar de esconder o dinheiro.

Pense nisso. Se vocês soubessem exatamente quanto dinheiro cada um tem e os ganhos reais de todas as suas indústrias e empresas, e de seus executivos — assim como cada pessoa e empresa está usando *o dinheiro —, não acha que isso mudaria as coisas?*

Pense nisso. De que modos você acha que elas mudariam?

A verdade pura e simples é que as pessoas nunca tolerariam 90% do que acontece no mundo se soubessem *o que estava acontecendo. A sociedade jamais aceitaria a distribuição de renda extremamente desproporcional, muito menos os meios pelos quais é obtida, ou o modo como é acumulada, se esses fatos fossem conhecidos, específica e imediatamente, por todas as pessoas em todos os lugares.*

Nada produz um comportamento adequado mais rápido do que exposição à luz do escrutínio público. É por isso que as chamadas Leis

Sunshine ajudaram tanto a acabar com alguns tipos de atos de caráter duvidoso que ocorriam nos anos 1920, 1930, 1940 e 1950 nos bastidores de seus tribunais locais, conselhos diretores de escolas e no âmbito político — assim como no governo nacional.

Agora é hora de levar um pouco de "luz" para o modo como vocês lidam com a compensação por bens e serviços em seu planeta.

O que o Senhor está sugerindo?

Isso não é uma sugestão, é um desafio. Eu os desafio acabar com todo o seu dinheiro, todas as suas moedas correntes nacionais, e recomeçar. Desenvolver um sistema monetário internacional que seja totalmente claro, visível, reconhecível e explicável. Criar um Sistema de Compensação Mundial pelo qual as pessoas possam ter Créditos por serviços prestados e bens produzidos, e Débitos por serviços usados e produtos consumidos.

Tudo seria lançado no sistema de Créditos e Débitos. Lucros de investimentos, heranças, ganhos de apostas, salários e recompensas, gorjetas e gratificações, tudo. E nada seria obtido sem Créditos. Não haveria outro meio circulante negociável. E os registros de todos seriam abertos para todos.

Tem sido dito, mostre-me a conta bancária de um homem e eu lhe mostrarei o homem. Esse sistema chega perto disso. As pessoas iriam, ou pelo menos poderiam, saber muito mais sobre você do que sabem agora. Mas vocês não só saberiam mais uns sobre os outros, como saberiam mais sobre tudo. Sobre o que as empresas estão pagando e gastando — e qual o custo para elas de um produto, assim como seu preço. (Pode imaginar o que as empresas fariam se tivessem de colocar dois *números em todas as etiquetas de preço — o preço do produto e* seu *custo? Isso reduziria os preços, ou não? Aumentaria a competição e favoreceria os negócios lícitos? Você nem mesmo pode imaginar as conseqüências de algo assim.)*

Sob o novo Sistema de Compensação Mundial, SCM, a transferência de Débitos e Créditos seria imediata e totalmente visível. Isto é, todos poderiam examinar as contas de todas as pessoas ou organizações a qualquer tempo. Nada seria mantido em segredo, nada seria "confidencial".

O SCM deduziria 10% por ano da renda daqueles que se dispusessem voluntariamente *a fazer essa contribuição. Não haveria imposto de renda, preenchimento de formulários, cálculos de deduções ou "sonegação"! Como os registros seriam abertos, todos na sociedade poderiam ver quem estava ou não contribuindo com os 10% para o bem geral. Essa contribuição voluntária seria usada para apoiar todos os programas e serviços governamentais aprovados pelo povo por meio de votação.*

Todo o sistema seria muito simples e visível.

O mundo nunca concordaria com uma coisa dessas.

É claro que não. E sabe por quê? Porque esse sistema tornaria impossível uma pessoa fazer algo de que não queria que outras pessoas tomassem conhecimento. *Mas por que você desejaria fazer algo assim? Eu lhe digo por quê. Porque atualmente vive em um sistema social interativo baseado em "levar vantagem", "lucrar mais" e na "sobrevivência dos mais fortes".*

Quando o principal objetivo de sua sociedade (como ocorre em todas as sociedades realmente iluminadas) é a sobrevivência de todos; *proporcionar uma vida boa para* todos, *sua necessidade de segredo, acordos confidenciais, manobras feitas às escondidas e dinheiro que pode ser oculto desaparecerão.*

Você percebe quanta corrupção, para não falar nas injustiças e desigualdades menores, seria eliminada através desse sistema?

O segredo aqui, o lema, é a visibilidade.

Uau! Que conceito! Que idéia! A visibilidade total quando se trata de nossos assuntos monetários. Eu estou tentando encontrar um motivo pelo qual isso seria "errado", mas não consigo encontrar nenhum.

É claro que não, porque não tem nada a esconder. *Mas pode imaginar o que as pessoas ricas e poderosas no mundo fariam, e como protestariam, se achassem que todos os seus movimentos, todas as compras e vendas, todos os negócios e atos das empresas, todos os preços e salários, todas as decisões de qualquer tipo seriam do conhecimento de qualquer um que apenas visse os registros de Crédito e Débito?*

Eu lhe digo que nada *produz justiça mais rápido do que a* visibilidade.

Conheça a verdade, e ela o libertará.

Os governos, as empresas e as pessoas poderosas sabem disso, e é por esse motivo que nunca permitem que a verdade — a verdade pura e simples — seja a base de qualquer sistema político, social ou econômico.

Nas sociedades iluminadas não há segredos. *Todos sabem o que todos têm, ganham e pagam de salários, impostos e benefícios, o que todas as empresas lançam em suas contas, compram e vendem, por quanto e com que lucro.* TUDO.

Você sabe por que isso só é possível nas sociedades iluminadas? Porque nelas ninguém deseja ter *nada à custa dos outros.*

Esse é um modo radical de viver.

Sim, parece radical nas sociedades primitivas. Nas iluminadas parece obviamente adequado.

Eu estou intrigado com esse conceito de "visibilidade". É aplicável a outras áreas, além da monetária? Também poderia ser um lema para nossos relacionamentos pessoais?

Esperar-se-ia que sim.

Mas não é.

Como uma regra, não. Ainda não, em seu planeta. A maioria das pessoas ainda tem coisas demais a esconder.

Por quê?

Nos relacionamentos pessoais (e de fato em todos os relacionamentos), o motivo é a perda. *O medo do que se poderia perder ou deixar de ganhar. Contudo, os melhores relacionamentos pessoais, e certamente os mais românticos, são aqueles em que todos sabem tudo; a* visibilidade *não é apenas o lema, como a* única palavra; *simplesmente não há segredos. Nesses relacionamentos nada é omitido, oculto ou disfarçado. Não deixa de ser dito. Não há jogos de adivinhação ou de qualquer outro tipo; ninguém "entra em um jogo de sedução", "faz uso de truques" ou "bajula você".*

Mas se todos soubessem tudo que estávamos pensando...

Espere. Isso não significa uma ausência de privacidade mental, de um espaço seguro no qual realizar o seu processo pessoal. Não é disso que Eu estou falando aqui.

Estou falando de ser simplesmente honesto em suas relações com o próximo. De dizer a verdade, não omiti-la quando sabe que deve ser dita. Nunca mais mentir, ocultar parcialmente, manipular verbal ou mentalmente ou distorcer sua verdade das centenas de modos que são típicos da maior parte das comunicações humanas.

De ser claro e direto. De garantir que todas as pessoas tenham acesso a todos os dados e saibam tudo que precisam saber sobre um assunto. De justiça, sinceridade e, bem... visibilidade.

Contudo, isso não significa que todos os pensamentos e temores particulares, todas as lembranças mais tristes, todos os julgamentos passageiros, todas as opiniões ou reações deveriam ser colocados na mesa para discussão e análise. Isso não é invisibilidade, é insanidade, e os deixaria loucos.

Estou falando aqui da comunicação simples, direta, clara, honesta e total. Mas mesmo assim esse é um conceito surpreendente, e pouco usado.

Pode repetir isso?

Mas mesmo assim esse é um conceito surpreendente, e pouco usado.

O Senhor deveria estar no *vaudeville.*

Está brincando? Eu estou.

Mas falando sério, essa é uma idéia maravilhosa. Imagine toda uma sociedade criada em torno do Princípio da Visibilidade. Tem certeza de que isso daria certo?

Eu lhe digo que metade dos males do mundo acabaria amanhã. Metade das preocupações, dos conflitos, da raiva e da frustração mundiais...

Ah, não se iluda, a princípio haveria raiva e frustração. Quando fosse finalmente descoberto o quanto as pessoas comuns *estavam* sendo usadas como objetos, manipuladas e enganadas, haveria *muita* raiva e frustração. Mas a "visibilidade" poria fim a isso em um prazo de 60 dias.

Deixe-Me convidá-lo novamente a pensar sobre esse assunto.

Você acha que poderia ter uma vida assim? Sem segredos? Com absoluta visibilidade?

Se não, por quê?

O que está escondendo das pessoas que não quer que elas saibam?

O que está dizendo para alguém que não é verdade?

O que está dizendo para alguém que é?

A mentira ou a omissão levou o seu mundo aonde você realmente queria que chegasse? A manipulação (dos negócios, de uma determinada situação, ou simplesmente de uma pessoa) através do silêncio e do segredo de fato o beneficiou? A "privacidade" é realmente o que garante o sucesso de seu governo, de sua empresa e de sua vida pessoal?

O que aconteceria se todos pudessem ver tudo?

Há uma ironia aqui. Você não percebe que essa é a única coisa que tem temido em relação a seu primeiro encontro com Deus? Que o que você tem temido é que a festa, o jogo, a luta com oponentes imaginários, o longo, longo rastro de falsidades — literalmente — cheguem ao fim?

Contudo, a boa notícia é que não há o que temer. Ninguém vai julgá-lo, considerá-lo "errado", atirá-lo no fogo eterno do Inferno.

(E a vocês, católicos, digo que nem mesmo irão para o Purgatório.)

(E a vocês, mórmons, digo que não ficarão eternamente presos no "céu inferior", incapazes de ir para o "céu superior", e que tampouco serão considerados Filhos da Perdição e banidos para sempre para esferas desconhecidas.)

(E a vocês ...)

Bem, você entendeu. Cada um de vocês criou, dentro da estrutura de sua própria tecnologia particular, uma idéia, um conceito do pior Castigo Divino. E Eu odeio dizer isso, porque sei o quanto vocês têm-se divertido com esse drama todo, mas, bem... essa coisa simplesmente não existe.

Quando vocês perderem o medo de que as suas vidas se tornem totalmente visíveis no momento de sua morte, talvez possam superar o medo de que se tornem totalmente visíveis enquanto estão vivos.

Isso não seria ótimo?

Sim. Então eis a fórmula para ajudá-lo a começar. Volte ao início deste livro e examine detidamente os Cinco Níveis de Dizer a Verdade. *Disponha-se a memorizar e usar esse modelo. Busque, diga e viva a verdade todos os dias. Faça isso consigo mesmo e com todas as pessoas cuja vida você toca.*

Então prepare-se para desnudar-se. Manter a visibilidade.

Isso parece assustador. Muito assustador.

Do que você tem medo?

Tenho medo de que todos saiam da sala e ninguém goste mais de mim.

Eu entendo. Acha que tem de mentir para as pessoas gostarem de você?

Não mentir, exatamente. Apenas não contar *tudo.*

Lembre-se do que Eu já lhe disse. Isso não significa que você deve revelar todos os pequenos sentimentos, pensamentos, idéias, medos, lembranças, fazer todos os tipos de confissões ou o que seja. Significa apenas que deve sempre falar a verdade, mostrando-se completamente. Com a pessoa amada você pode despir-se fisicamente, não é?

Sim.

Então por que não pode despir-se também emocionalmente?

Isso é muito mais difícil.

Eu compreendo. Contudo, Eu o recomendo, porque as recompensas são grandes.

Bem, o Senhor certamente deu algumas idéias interessantes. Acabar com as agendas ocultas, construir uma sociedade com base na visibilidade, dizer sempre a verdade sobre tudo para todos. Uau!

Com base nesses poucos conceitos foram construídas sociedades inteiras. Sociedades iluminadas.

Eu não conheço nenhuma.

Eu não estava falando de seu planeta.

Ah.

E nem mesmo em seu sistema solar.

AH.

Mas você não precisa deixar o planeta ou ao menos a sua casa para começar a experimentar como seria esse Novo Sistema de Pensamento. Comece em sua própria família, em seu próprio lar. Se tiver um negócio, comece em sua própria empresa. Diga a todos em sua empresa exatamente o que faz, quanto ganha e gasta, e quanto cada empregado ganha. As pessoas ficarão chocadas. Se todos os empresários fizessem isso, o trabalho não seria mais um inferno em vida para tantos, porque haveria automaticamente mais igualdade e justiça, e uma compensação adequada.

Diga a seus clientes exatamente o custo de seus produtos ou serviços. Coloque dois números em sua etiqueta de preço: seu custo e seu preço. Ainda pode orgulhar-se do preço final? Tem medo de que alguém ache que está "sendo explorado" se souber qual foi o seu custo? Se tiver, veja que tipo de ajuste deseja fazer em seu preço para torná-lo justo, em vez de "extorsivo".

Eu o desafio a agir assim.

Isso exigirá uma mudança completa em seu modo de pensar. Você terá de preocupar-se tanto com seus clientes quanto se preocupa consigo mesmo.

Sim, você pode começar a construir essa Nova Sociedade exatamente aqui e agora, hoje. A escolha é sua. Pode continuar a apoiar o velho sistema, o modelo atual, ou indicar a seu mundo um novo caminho.

Você pode ser *esse novo caminho. Em tudo. Não apenas nos negócios, nos seus relacionamentos pessoais, na política, na economia, na religião ou em um aspecto ou outro da experiência de vida geral, mas em* tudo.

Seja o novo caminho. O caminho principal. O caminho superior. Então poderá realmente dizer: "Eu sou o caminho e a vida. Siga-me."

Se todo o mundo o seguisse, você ficaria feliz com o seu destino?

Por ora vou deixá-lo com essa dúvida.

Capítulo 17

Eu percebo o Seu desafio. Percebo. Por favor, fale-me mais sobre a vida neste planeta em uma escala maior. Diga-me como as nações podem se dar bem umas com as outras para "não haver mais guerras".

Sempre haverá diferenças entre as nações, porque as diferenças são apenas sinais — e sinais sadios — de individualidade. Contudo, a resolução violenta *das diferenças é um extraordinário sinal de imaturidade.*

Não há motivo no mundo pelo qual a resolução violenta não possa ser evitada, se as nações assim o desejarem.

Poder-se-ia pensar que o enorme número de mortes e vidas destruídas seria o suficiente para produzir esse desejo, mas entre culturas primitivas como a sua, não é isso que ocorre.

Enquanto vocês acharem que podem vencer uma disputa, a terão. Enquanto acharem que podem vencer uma guerra, lutarão.

Qual é a resposta para tudo isso?

Eu não tenho uma resposta, só tenho ...

Eu sei! Eu sei! Uma observação.

Sim. Eu observo agora o que observei antes. Uma resposta a curto prazo seria estabelecer o que alguns têm chamado de um governo mundial, com um tribunal mundial para resolver disputas (cujos veredictos não poderiam ser ignorados, como acorre com o atual Tribunal Mundial) e uma força pacificadora mundial para garantir que nenhuma nação — não importa o quanto fosse poderosa ou influente — pudesse novamente atacar outra.

Mas entenda que ainda seria possível haver violência na Terra. A força pacificadora poderia ter *de usar a violência para fazer alguém* parar *de usá-la. Como Eu observei no Livro I, a incapacidade de fazer um déspota parar dá poderes a esse déspota. Às vezes você tem de fazer o que não* quer *para garantir que não* terá de continuar a fazê-lo*! Essa aparente contradição é parte da Dicotomia Divina, que afirma que às vezes o único modo de* Ser *uma coisa — nesse caso, "pacífico" — pode ser, a princípio,* não *sê-lo!*

Em outras palavras, freqüentemente o único modo de conhecer-se como Quem Você É é experimentar-se como Quem Você Não *É.*

É uma verdade observável que o poder em seu mundo não pode mais estar nas mãos de uma nação individual, mas nas do grupo total de nações que existem nesse planeta. Somente assim o mundo poderá finalmente ter paz, na certeza de que não será mais possível nenhum déspota — não importa o quanto seja grande ou poderosa a sua nação individual — invadir os territórios de outra nação, ou pôr em risco a sua liberdade.

As nações menores não precisarão mais depender da boa vontade das nações maiores, freqüentemente tendo de desfazer-se de seus próprios recursos e oferecer suas melhores terras para bases militares estrangeiras, para merecê-la. Sob esse novo sistema, a segurança das nações menores será garantida não por aqueles que bajulam, mas por aqueles que as apóiam.

Todas as 160 nações reagiriam se uma nação fosse invadida. Todas diriam Não! *se uma nação fosse ameaçada de algum modo.*

De igual modo, as nações não seriam mais ameaçadas economicamente, obrigadas a agir de determinados modos por seus parceiros comerciais mais poderosos, a seguir certas "diretrizes" para receber ajuda estrangeira, ou a ter determinadas atitudes para merecer uma simples ajuda humanitária.

Contudo, há aqueles entre vocês que diriam que esse sistema de governo global acabaria com a independência e a grandeza das nações individuais. A verdade é que as aumentaria *— e é exatamente isso que temem as nações maiores, cuja independência é garantida pelo poder, não pela lei ou pela justiça. Porque então as nações maiores não veriam mais as coisas serem feitas automaticamente a seu próprio modo, mas as considerações de todas as nações teriam de ser igualmente respeitadas. E as nações maiores não poderiam mais controlar os recursos mundiais, mas teriam de partilhá-los mais igualmente, torná-los mais prontamente acessíveis, distribuir mais uniformemente seus benefícios para* todos *os povos do mundo.*

Um governo mundial nivelaria o campo — e essa idéia, embora sendo o ponto principal do debate sobre a dignidade humana básica, é execrável para aqueles "que têm", que querem que aqueles que "não têm" busquem as suas próprias fortunas — ignorando, é claro, o fato de que aqueles "que têm" controlam *tudo que aqueles "que não têm" buscariam.*

Parece que estamos falando sobre redistribuição de renda. Como poderemos manter o incentivo daqueles que *realmente* querem mais, e desejam trabalhar duro para isso, se eles souberem que devem partilhar com aqueles que não estão dispostos a trabalhar tanto?

Em primeiro lugar, isso não é apenas uma questão de querer *ou não "trabalhar duro". Esse é um modo simplista de lançar o argumento (geralmente construído dessa forma pelos "que têm"). É mais freqüentemente uma questão de oportunidade do que de disposição. Então a verdadeira e primeira tarefa na reestruturação da ordem social é garantir que todas as pessoas e nações tenham* oportunidades iguais.

Isso não poderá acontecer enquanto aqueles que atualmente detêm e controlam as riquezas e recursos mundiais mantiverem firmemente esse controle.

Eu mencionei o México, e sem querer fazer uma "crítica da nação", acho que esse país é um ótimo exemplo disso. Um pequeno número de famílias ricas e poderosas controla a riqueza e os recursos de toda a nação — e isso ocorre há 40 anos. As "eleições" são uma farsa, porque as mesmas famílias estão à frente do mesmo partido político há décadas, não havendo praticamente nenhuma oposição séria. Qual é o resultado disso? "Os ricos ficam cada vez mais ricos e os pobres cada vez mais pobres."

Se os salários pulam de 1,75 dólares para 3,15 dólares por hora, os ricos salientam o quanto fizeram pelos pobres ao fornecerem empregos e oportunidades de ascensão econômica. Contudo, os únicos que realmente ascendem são os ricos *— os industriais e empresários que vendem os seus produtos nos mercados nacional e internacional com grande lucro, devido ao baixo custo da mão-de-obra.*

Os ricos da América sabem que isso é verdade. Esse é o motivo pelo qual muitos dos americanos ricos e poderosos estão construindo fábricas no México e em outros países estrangeiros em que os baixíssimos salários são considerados uma grande oportunidade pelos camponeses. Enquanto isso, essas pessoas trabalham em condições insalubres e totalmente inseguras, mas o governo local — controlado pelos mesmos poucos que lucram com esses empreendimentos — impõe poucas re-

gras. Os padrões de saúde, segurança e proteção ambiental praticamente inexistem nos locais de trabalho.

As pessoas não estão sendo protegidas, e tampouco o está a Terra, na qual têm de viver em suas choupanas às margens dos rios nos quais lavam suas roupas e às vezes defecam — porque freqüentemente as canalizações de esgoto também não são um de seus privilégios.

O que é criado por esse profundo desrespeito pelas massas é uma população que não pode comprar os produtos que fabrica. Mas os ricos proprietários das fábricas não se importam com isso. Eles podem exportar os seus produtos para outras nações nas quais há pessoas que podem comprá-los.

Contudo, Eu acredito que mais cedo ou mais tarde o feitiço se voltará contra o feiticeiro — com conseqüências devastadoras. Não apenas no México, mas em todos os lugares onde os seres humanos forem explorados.

As revoluções e guerras civis serão inevitáveis, como o serão as guerras entre nações, enquanto aqueles "que têm" continuarem a tentar explorar aqueles "que não têm" com o pretexto de dar-lhes oportunidades.

O controle das riquezas e dos recursos tornou-se tão *institucionalizado* que hoje parece *aceitável* até mesmo para algumas pessoas justas, que o vêem simplesmente como uma economia de mercado aberto.

Contudo, apenas o poder *detido pelas pessoas e nações ricas do mundo torna possível essa ilusão de justiça. A verdade é que isso* não *é justo para a maior parte das pessoas e nações do mundo, que são impedidas de ao menos tentar conseguir o que os Poderosos conseguiram.*

O sistema de governo descrito aqui alteraria drasticamente a balança do poder, equilibrando os recursos de ricos e pobres, forçando os próprios recursos a ser justamente distribuídos.

É isso que os poderosos temem.

Sim. Por esse motivo, a solução a curto prazo pode ser uma nova estrutura social — um novo governo mundial.

Houve alguns líderes entre vocês que tiveram discernimento e coragem suficientes para propor o início dessa nova ordem mundial. George Bush — que a história dirá que foi um homem de mais sabedoria, visão, compaixão e coragem do que a sociedade contemporânea desejou ou pôde reconhecer — foi um desses líderes. Outro foi o presidente russo Mikhail Gorbachev, o primeiro chefe de estado comunista a ganhar o Prêmio Nobel da Paz e um homem que propôs enormes mudanças políticas, praticamente terminando o que vocês têm chamado de Guerra Fria. E outro ainda foi o Presidente Carter, que fez o Sr. Begin e o Sr. Sadat chegarem a acordos com os quais ninguém jamais sonhara e que, muito depois de seu mandato, evitou repetidamente que o mundo enfrentasse um violento confronto com a afirmação de uma simples verdade: nenhum ponto de vista tem menos valor do que outro; nenhum ser humano tem menos dignidade do que outro.

É interessante notar que esses corajosos líderes, que evitaram que o mundo entrasse em guerra e apoiaram e propuseram grandes mudanças na estrutura política vigente, tiveram apenas um mandato, tendo os seus cargos tirados pelas mesmas pessoas cujas vidas tentaram melhorar. Extremamente populares no mundo, foram profundamente rejeitados em seus países. Diz-se que um homem é desonrado em seu próprio lar. No caso desses homens, isso ocorreu porque sua visão estava muito além da de seu povo, que tinha uma visão estreita e só imaginava perdas resultantes dessa visão mais ampla.

Todos os outros líderes que ousaram exigir o fim da opressão dos poderosos também foram desencorajados e desonrados.

Sempre será assim até que seja encontrada uma solução a longo *prazo, que* não será política. *Essa solução — a única verdadeira — é uma Nova Consciência. Uma consciência de Unicidade e Amor.*

O incentivo para ser bem-sucedido, e tirar o máximo proveito da vida, não deveria ser a recompensa econômica ou material. Essa prioridade erroneamente estabelecida foi o que criou todos os problemas que discutimos aqui.

Quando o incentivo para a grandeza não é econômico — quando a segurança econômica e as necessidades materiais básicas são garantidas para todos — o incentivo não desaparece, mas passa a ser de um tipo diferente, aumentando *a força e a determinação, produzindo a grandeza* verdadeira, *não o tipo de "grandeza" evidente e passageira que os incentivos atuais produzem.*

Mas ter uma vida melhor, proporcionar uma vida melhor para os nossos filhos, não é um bom incentivo?

Ter e proporcionar uma "vida melhor" para seus filhos é um bom incentivo. Mas a questão é: o que torna uma "vida melhor"?

Como você define "melhor"? Como define "vida"?

Se você define "melhor" como mais luxuosa, superior, com mais dinheiro, poder, sexo e coisas *(casas, carros, roupas, coleções de CDs — seja o que for)... e define "vida" como o período entre o nascimento e a morte em sua existência atual, então não está fazendo coisa alguma para sair da armadilha que* criou *a situação desagradável em que se encontra o seu planeta.*

Mas se você define "melhor" como uma experiência mais ampla e uma expressão mais nobre de seu Estado de Ser mais grandioso, e "vida" como um processo contínuo e eterno de Ser, *ainda pode encontrar o seu caminho.*

Uma "vida melhor" não é proporcionada pelo acúmulo de coisas. A maioria de vocês sabe disso, todos dizem que compreendem, e contudo suas vidas — e as decisões que tomam quem as dirigem — têm tanto que ver com "coisas" como com todo o resto, e geralmente bem mais.

Vocês lutam para ter as coisas, trabalham para isso, e quando obtêm algumas das coisas que desejam, nunca abrem mão delas.

O incentivo da maior parte da humanidade é conseguir, adquirir, obter coisas. *Aqueles que não as ambicionam abrem mão delas facilmente.*

Como o seu incentivo atual para a grandeza está ligado ao acúmulo de tudo que o mundo tem a oferecer, todo o mundo está em vários estágios de luta. Grande parte *da população ainda está lutando pela simples sobrevivência física. Cada dia é cheio de momentos de ansiedade e cálculos desesperados. A mente está preocupada com questões vitais e básicas. Haverá comida suficiente? Abrigo disponível? Ficaremos aquecidos? Um grande número de pessoas ainda se preocupa diariamente com essas questões. Milhares* morrem *a cada mês apenas por falta de alimentação.*

Números menores de pessoas conseguem contar com o básico para a sobrevivência, mas lutam para ter algo mais — um pouco de segurança, uma casa modesta mas decente, um futuro melhor. Elas trabalham duro e ficam pensando em como, e se um dia irão "progredir". Suas mentes estão preocupadas com questões prementes e aflitivas.

De longe o número menor de pessoas que tem tudo que poderia desejar — de fato, tudo que os outros dois grupos desejam *— mas, curiosamente, muitos desse último grupo ainda* desejam mais.

Suas mentes estão preocupadas em conservar *tudo que obtiveram e em obter mais.*

Além desses três grupos, há um quarto. É o menor de todos. Na verdade, é diminuto.

Esse grupo não necessita de coisas materiais. Está preocupado com a verdade, a realidade e a experiência espirituais.

As pessoas nesse grupo vêem a vida como um encontro espiritual — uma jornada da alma. Elas reagem a todos os eventos humanos dentro desse contexto. Têm todas as experiências humanas dentro desse paradigma. Sua luta está ligada à procura de Deus, à realização do Eu, à expressão da verdade.

À medida que elas vão evoluindo, isso deixa de ser uma luta e se transforma em um processo. É um processo de definição do Eu (não de descoberta pessoal), de Crescimento (não de aprendizado), de Ser (não fazer).

O motivo *para buscar, se esforçar* e ser bem-sucedido *torna-se bem diferente. O motivo para fazer* tudo *é mudado, e com ele aquele que faz é igualmente mudado. O motivo se torna o processo, e quem faz se torna aquele que é.*

Enquanto, antes, o motivo para se esforçar, trabalhar duro a vida inteira, era obter coisas mundanas, agora é experimentar coisas celestiais.

Enquanto, antes, as preocupações eram em grande parte com os assuntos do corpo, agora são em grande parte com os da alma.

Tudo mudou. O objetivo da vida e a própria vida mudaram.

O "incentivo para a grandeza" mudou, e com isso acabou a necessidade de cobiçar, adquirir, proteger e acumular bens mundanos.

A grandeza não será mais avaliada pelo quanto alguém acumulou. Os recursos mundiais serão corretamente vistos como pertencentes a todos os povos do mundo. Em um mundo abençoado com abundância suficiente para satisfazer as necessidades básicas de todos, as necessidades básicas de todos serão *satisfeitas.*

Todos desejarão *que seja assim. Não haverá mais uma necessidade de impor a ninguém um imposto. Todos enviarão* voluntariamente *10% de suas colheitas e riquezas para programas que apóiam os menos afortunados. Não será mais possível milhares de pessoas observarem milhares de outras morrerem de fome — não por falta de alimentos, mas por falta de* vontade *humana suficiente para criar um simples mecanismo político pelo qual as pessoas possam* obtê-los.

Essas obscenidades morais — agora comuns em sua sociedade primitiva — deixarão de existir no dia em que vocês mudarem seu incentivo para a grandeza e sua definição dela.

Seu novo incentivo: tornar-se o que Eu os criei para ser — a personificação da própria Divindade.

Quando vocês se tornarem Quem Realmente São — Deus manifestado — nunca mais agirão de uma forma ímpia. Não precisarão mais ter em seus carros adesivos com os dizeres:

DEUS, LIVRAI-ME
DE VOSSOS SEGUIDORES

Capítulo 18

Deixe-me ver se estou entendendo isso. O que parece estar surgindo aqui é uma visão do mundo de igualdade e equanimidade, na qual todas as nações se submetem a um governo mundial e todos os povos partilham as riquezas do mundo.

Lembre-se de que, quando você fala sobre igualdade, estamos nos referindo a oportunidades *iguais, não igualdade* de fato.

A verdadeira "igualdade" nunca será obtida, e agradeça por ser assim.

Por quê?

Porque igualdade é mesmice — e a última coisa de que o mundo precisa é mesmice.

Não — Eu não estou falando aqui de um mundo de autômatos, cada qual recebendo porções idênticas de um Governo Central do Grande Irmão.

Estou falando de um mundo no qual duas coisas são garantidas.

1. A satisfação das necessidades básicas.

2. A oportunidade de ir além.

Com todos os recursos de seu mundo, toda a sua abundância, vocês ainda não conseguiram essas duas coisas simples. Em vez disso, capturaram em uma armadilha milhões de pessoas da camada socioeconômica inferior e projetaram uma visão do mundo que as mantém sistematicamente ali. Estão permitindo que milhares morram a cada ano pela não satisfação de suas simples necessidades básicas.

Apesar de toda a magnificência do mundo, vocês não encontraram um modo de ser magnificentes o bastante para impedir que pessoas morram de fome, muito menos matem umas às outras. De fato, deixam crianças *morrer de fome diante de seus olhos. Matam pessoas porque elas discordam de vocês.*

São primitivos.

E achamos que somos muito avançados.

A principal prova de que uma sociedade é primitiva é o fato de ela se considerar avançada. Achar que é iluminada.

Então vamos resumir isso. O modo como chegaremos ao primeiro degrau da escada, em que a satisfação dessas necessidades básicas é garantida para todos...

É através de duas mudanças — uma em seu paradigma político, outra em seu paradigma espiritual.

A evolução para um governo mundial unificado incluiria um tribunal mundial com amplos poderes para resolver disputas internacionais e uma força pacificadora para fazer cumprir as leis que vocês escolhessem para se governar.

O governo mundial incluiria um Congresso de Nações — dois representantes para cada nação da Terra — e uma Assembléia do Povo — com um número de representantes proporcional ao povo da nação.

Exatamente como ocorre no governo americano — com duas câmaras, uma fornecendo representação proporcional e outra voz igual para todos os estados.

Sim. Sua Constituição dos Estados Unidos foi inspirada por Deus.

O mesmo equilíbrio de poderes deveria existir na nova constituição do mundo.

De igual modo, haveria um ramo executivo, um legislativo e um judiciário.

Cada nação manteria a sua política interna pacificadora, mas todos os exércitos nacionais seriam dispersados — exatamente como os seus estados individuais dispersaram seus exércitos e navios a favor de uma força pacificadora federal servindo a todo o grupo de estados que vocês agora chamam de nação.

As nações se reservariam o direito de formar e ativar suas próprias forças militares em momentos de necessidade, assim como seus estados têm o direito constitucional de manter e ativar as suas.

E — exatamente como os seus estados fazem agora — cada uma das 160 nações-estados da federação teria o direito de retirar-se dela com base no voto popular (embora Eu não saiba o motivo pelo qual desejariam fazer isso, já que seu povo estaria mais seguro e teria mais abundância do que nunca.)

E — repetindo para aqueles de nós que custam a entender — essa federação mundial unificada produziria...?

1. Um fim das guerras entre as nações e da resolução de diferenças com mortes.

2. Um fim da pobreza abjeta, da morte pela fome e da exploração em massa de pessoas e recursos por parte dos poderosos.

3. Um fim da destruição ambiental sistemática da Terra.

4. Uma fuga da luta eterna por mais e melhor.

5. Uma oportunidade — realmente *igual — de* todas *as pessoas chegarem à expressão mais elevada de seus "Eus".*

6. Um fim de todas as limitações e discriminações que tolhem as pessoas — seja em casa, no local de trabalho, no sistema político ou nos relacionamentos sexuais pessoais.

Sua nova ordem mundial exigiria uma redistribuição de riquezas?

Não exigiria coisa alguma. Produziria, *voluntária e automaticamente, uma redistribuição de* recursos.

Por exemplo, todas *as pessoas receberiam uma educação adequada.* Todas *teriam a oportunidade de usar essa educação no local de trabalho — de seguir carreiras que lhes proporcionassem* alegria.

Todas *as pessoas teriam acesso a tratamento médico sempre que isso fosse necessário.*

Todas *as pessoas teriam a garantia de que não morreriam de fome ou teriam de viver sem roupas suficientes ou abrigo adequado.*

Todas *as pessoas teriam satisfeitas as necessidades básicas da vida para que a* sobrevivência *nunca mais fosse um problema* e todos *os seres humanos pudessem dispor de confortos simples.*

Mesmo se eles não fizessem nada para merecê-los?

Sua idéia de que essas coisas precisam ser merecidas *é a base da sua idéia de que vocês têm de* merecer ir para o Céu. *Contudo, não podem cair nas boas graças de Deus, não precisam fazê-lo, porque já estão nelas. Isso é algo que não podem aceitar, porque é algo que não podem* dar. *Quando aprenderem a dar incondicionalmente (isto é,* amar *incondicionalmente), aprenderão a* receber *incondicionalmente.*

A vida foi criada como um veículo através do qual vocês poderiam ter essa experiência. Tentem se concentrar no pensamento de que as pessoas têm direito à sobrevivência básica. Mesmo se não fizerem nada. *Se não contribuírem com* nada. *A sobrevivência com dignidade é um dos direitos básicos da vida. Eu lhes dei recursos suficientes para garantirem isso para todos. Tudo que têm de fazer é partilhar.*

Mas o que impediria as pessoas de simplesmente desperdiçar as suas vidas, ficar na ociosidade, colhendo os "benefícios"?

Em primeiro lugar, não cabe a você julgar o que é uma vida desperdiçada. Ela é desperdiçada se uma pessoa não faz nada além de pensar em poesia durante 70 anos, e depois compõe um único soneto que abre uma porta de compreensão e insight *para milhares de seres humanos? É desperdiçada se alguém mente, trapaceia, prejudica, manipula e ofende outras pessoas a sua vida inteira, mas depois se lembra de algo de sua verdadeira natureza como um resultado disso — talvez de algo que passou vidas inteiras tentando lembrar — e então finalmente evolui, passando para o Nível Seguinte? Essa vida é "desperdiçada"?*

Não cabe a você julgar a jornada de outra alma. Cabe-lhe decidir Quem É, não quem outra pessoa tem sido ou não conseguiu ser.

Então você pergunta o que impediria as pessoas de simplesmente desperdiçarem as suas vidas, ficando na ociosidade, colhendo "benefícios", e a resposta é: nada.

Mas o Senhor realmente acha que isso daria certo? Não acha que aqueles que *estão* contribuindo começariam a se ressentir daqueles que não estão?

Sim, se não fossem iluminados. Contudo, as pessoas iluminadas teriam pelos não-contribuintes grande compaixão, não se ressentiriam deles.

Compaixão?

Sim, porque os contribuintes perceberiam que os não-contribuintes estavam perdendo a maior oportunidade e a maior glória; a oportunidade de criar e a glória de experimentar a idéia mais nobre *de Quem Realmente São. E os contribuintes saberiam que isso era punição suficiente por sua preguiça se a punição fosse mesmo necessária — o que não é.*

Mas aqueles que estão realmente contribuindo não ficariam irritados ao ver os frutos de seu trabalho tirados deles e dados para os preguiçosos?

Você não está prestando atenção. Todos *teriam porções mínimas para sobrevivência. Aqueles que têm mais teriam uma oportunidade de contribuir com 10% de sua renda para tornar isso possível.*

Quanto a como isso seria feito, o mercado aberto determinaria o valor da contribuição de cada um, como faz hoje em seu país.

Mas então *ainda* teríamos "ricos" e "pobres", como temos hoje! Isso não é *igualdade*!

Mas é oportunidade *igual. Porque todos teriam a* oportunidade *de ter uma vida básica sem preocupações com a sobrevivência. E teriam uma oportunidade igual de adquirir conhecimentos, desenvolver habilidades e usar seus talentos naturais no Local de Alegria.*

Local de Alegria?

É assim que o "local de trabalho" seria chamado.

Mas a inveja não continuaria a existir?

A inveja, sim. O ciúme, não. A inveja é uma emoção natural que o leva a tentar ser mais. É uma criança de dois anos tentando alcançar a maçaneta da porta que seu irmão mais velho pode alcançar. Não há nada de errado com isso. Não há nada de errado com a inveja. É um motivador. É puro desejo. Dá origem à grandeza.

Por outro lado, o ciúme é uma emoção provocada pelo medo, que faz uma pessoa desejar que a outra tenha menos. É uma emoção freqüentemente baseada na amargura. Provém da raiva e leva à raiva. E mata. O ciúme pode matar. Todos que já fizeram parte de um triângulo de ciúme sabem disso.

O ciúme mata, a inveja dá origem.

Aqueles que são invejosos terão todas as oportunidades de ser bem-sucedidos a seu próprio modo. *Ninguém será reprimido econômica, política ou socialmente. Não por motivo de raça, gênero, orientação sexual, nascimento, classe social ou idade. Não por qualquer motivo. A discriminação por* qualquer *motivo simplesmente não será mais tolerada.*

E sim, ainda poderá haver "ricos" e "pobres", mas não haverá mais "famintos" e "miseráveis".

Veja bem, o incentivo não *será tirado da vida ...* só será tirado o desespero.

Mas o que garantirá que teremos um número suficiente de contribuintes para "carregar" os não-contribuintes?

A grandeza do espírito humano.

Como?

Ao contrário do que você imagina, a média das pessoas não *ficará satisfeita apenas com os níveis de subsistência. Além disso, todo o incentivo para a grandeza mudará quando a mudança do segundo paradigma — a mudança espiritual — ocorrer.*

O que causaria essa mudança? Ela ainda não ocorreu na história de dois mil anos...

Tente a história de dois bilhões de anos...

... do planeta. Por que ocorreria agora?

Porque com a mudança no que diz respeito à sobrevivência material — a eliminação da necessidade de ser bem-sucedido para garantir um mínimo de segurança — não haverá outro motivo para atingir um fim, se sobressair, tornar-se magnificente, exceto a experiência da própria magnificência!

E isso será motivação suficiente?

O espírito humano se eleva; não decai diante da verdadeira oportunidade. A alma busca uma experiência superior de si mesma, não uma inferior. Qualquer um que tenha experimentado a verdadeira magnificência, *apenas por um momento, sabe disso.*

E quanto ao poder? Nessa nova ordem especial, ainda haveria aqueles com enorme riqueza e poder.

Os ganhos financeiros seriam limitados.

Puxa vida — aqui vamos nós! O Senhor quer me explicar como isso funcionaria antes de eu explicar por que não funcionaria?

Sim. Assim como haveria limites inferiores de renda, também haveria limites superiores. Em primeiro lugar, praticamente todos destinariam 10% de sua renda para o governo mundial. Isso é a dedução voluntária de 10% que Eu já mencionei.

Sim... a velha proposta de "imposto único".

Neste momento, em sua sociedade atual, isso teria de assumir a forma de um imposto, porque vocês não são suficientemente iluminados para ver que a dedução voluntária para o bem geral de todos é de seu interesse. Contudo, quando a mudança de consciência que Eu tenho descrito aqui ocorrer, essa dedução clara e voluntária de sua renda será considerada por vocês obviamente apropriada.

Eu preciso Lhe dizer algo. O Senhor se importa se eu interrompê-Lo aqui?

Não, vá em frente.

Essa conversa está me parecendo muito estranha. Nunca pensei que teria uma conversa com Deus na qual Ele começaria a recomendar rumos políticos de ação. Quero dizer, realmente. Como faço para convencer as pessoas que *Deus é a favor do imposto único?*

Bem, vejo que você insiste em ver isso como um "imposto", mas eu o compreendo, porque o conceito de simplesmente partilhar 10% de sua abundância lhe parece muito estranho. Mas por que acha difícil acreditar que Eu teria uma idéia a esse respeito?

Pensei que Deus não julgava, não tinha opinião, não se importava com essas coisas.

Espere, deixe-Me esclarecer isso. Em nossa última conversa — que você chamou de Livro I, Eu respondi a todos os tipos de perguntas. Perguntas sobre o que faz os relacionamentos darem certo, o modo de vida correto, até mesmo dietas. Qual é a diferença?

Eu não sei. Apenas *parece* diferente. Quero dizer, o Senhor realmente tem um ponto de vista político? É um autêntico republicano? Que verdade revelará este livro! Deus é um *republicano*.

Você preferiria que Eu fosse um democrata? Deus do Céu!

Que engraçado! Não, preferiria que fosse *apolítico*.

Eu sou apolítico. Não tenho um ponto de vista político.

Como Bill Clinton.

Ei, essa foi boa! Agora você *está sendo engraçado! Eu gosto de humor, e você?*

Eu acho que não esperava que Deus fosse engraçado *ou* político.

Ah, nada humano, não é?

Está bem, deixe-Me colocar este Livro e o Livro I dentro do contexto para você novamente.

Eu não tenho uma preferência a respeito de como você conduz a sua vida. Meu único desejo é que a experimente plenamente como um ser criativo, para saber Quem Realmente É.

Ótimo. Eu entendo isso. Até agora, ótimo.

Todas as perguntas que respondi aqui e no Livro I foram feitas e respondidas dentro do contexto do que você, como um ser criativo, diz que está tentando ser e fazer. Por exemplo, no Livro I, você Me fez muitas perguntas sobre como poderia finalmente fazer os relacionamentos darem certo. Lembra-se?

Sim, claro.

Achou Minhas respostas tão problemáticas? Achou difícil acreditar que Eu poderia ter um ponto de vista a esse respeito?

Nunca pensei sobre isso. Simplesmente li as respostas.

Mas, veja bem, Eu estava colocando as Minhas respostas dentro do contexto das suas perguntas. Isto é, dado o seu desejo de ser ou fazer algo, qual é o modo de consegui-lo? E Lhe mostrei um modo.

Sim.

Estou fazendo a mesma coisa aqui.

É, só que... não sei... é mais difícil acreditar que Deus diria essas coisas do que diria aquelas.

Está achando mais difícil concordar *com algumas coisas ditas aqui?*

Bem...

Porque se está, tudo certo.

Está certo discordar de Deus?

É claro. O que acha que Eu vou fazer, esmagá-lo como a um inseto?

Não fui tão longe no meu pensamento.

Olhe, o mundo tem discordado de Mim desde que toda essa coisa começou. Desde o início, quase ninguém tem agido do Meu modo.

Acho que isso é verdade.

Pode ter certeza de que sim. Se as pessoas tivessem seguido as Minhas instruções — deixadas com vocês através de centenas de mestres ao longo de milhares de anos — o mundo seria um lugar muito diferente. Portanto, se você deseja discordar de Mim agora, vá em frente. Além disso, Eu poderia estar errado.

O quê?

Eu disse, além disso, poderia estar errado. Arre! Você não está considerando tudo isso um evangelho, *está?*

Quer dizer que não devo dar importância a este diálogo?

Ei, espere! Acho que você não entendeu uma grande parte disso tudo. Vamos voltar ao início. Você está criando tudo isso.

Ah, bem, isso é um alívio. Por um instante achei que estava recebendo uma verdadeira orientação.

A orientação que está recebendo é a de seguir o seu coração. *Prestar atenção à sua* alma. *Ouvir o seu* eu. *Mesmo quando Eu lhe apresento uma opção, uma idéia, uma opinião, você não tem a obrigação de aceitá-las como se fossem suas. Se discorda, então* discorde. *Esse é* todo o objetivo deste exercício. *A idéia não era você substituir a sua dependência de tudo e todos por uma* dependência deste livro. *Era fazê-lo* pensar. *Pensar por seu* eu. *E é isso que Eu Sou neste momento. Você,* pensando. *Você, pensando em voz alta.*

Quer dizer que este material não está vindo da Fonte Superior?

É claro que está! Mas eis a única coisa em que ainda não consegue acreditar: você é a Fonte Superior. *E eis a única coisa que aparentemente ainda não entende:* está criando isso tudo — toda a sua vida — aqui, agora. *Você... VOCÊ... a está criando. Não Eu. VOCÊ.*

Então... há algumas respostas para essas questões meramente políticas de que não gosta? Mude-as. *Faça isso. Agora. Antes de começar a considerá-las um* evangelho, *a torná-las* reais. *Antes de começar a considerar seu último pensamento sobre alguma coisa mais importante, mais válido e mais verdadeiro do que o seu* próximo *pensamento.*

Lembre-se de que é sempre o seu novo pensamento *que cria a sua realidade. Sempre.*

Agora, há algo nessa discussão política sua que deseja mudar?

Não realmente. Acontece que estou concordando com o Senhor. Só não sabia o que fazer com isso tudo.

Faça o que quiser. Não entende? É isso que está fazendo com toda a vida!

Está bem, está bem... acho que entendi. Gostaria de continuar com esta conversa, nem que seja para ver onde irá nos levar.

Ótimo. Então vamos continuar.

O senhor ia dizer...

Que em outras sociedades — sociedades iluminadas — pôr de lado um percentual do que é recebido (o que vocês chamam de "renda") para ser usado para o bem geral da própria sociedade é uma prática bastante comum. Sob o novo sistema que temos examinado para a sua sociedade, todos ganhariam o máximo que pudessem a cada ano — e ficariam com os seus ganhos, até um certo limite.

Que limite?

Um limite arbitrário, estipulado por todos.

E o que excedesse esse limite?

Seria enviado ao consórcio de caridade mundial em nome do contribuinte, *para que todo o mundo pudesse saber quem eram seus benfeitores.*

Os benfeitores teriam a opção do controle direto de 60% de suas contribuições, tendo o prazer de colocar a maior parte de seu dinheiro exatamente onde gostariam que estivesse.

Os outros 40% seriam destinados a programas escolhidos e administrados pela federação mundial.

Se as pessoas soubessem que depois de um certo limite de renda tudo seria tirado delas, qual seria o seu incentivo para continuar a trabalhar? O que as impediria de parar quando atingissem o seu "limite" de renda?

Algumas parariam. E daí? Deixe-as parar. O trabalho obrigatório acima do limite de renda, com contribuições obrigatórias para o consórcio de caridade mundial, não seria necessário. O dinheiro economizado com o fim da produção em massa de armas de guerra seria suficiente para satisfazer as necessidades básicas de todos. Os 10% de dedução de todos os ganhos mundiais, além dessas economias, levariam toda a sociedade, não apenas os poucos escolhidos, a um novo nível de dignidade e abundância. E a contribuição dos ganhos acima do limite estabelecido produziria tantas oportunidades e tanta satisfação para todos que o ciúme e a violência social praticamente acabariam.

Então alguns parariam *de trabalhar — especialmente aqueles que* vissem *a atividade de suas vidas como um* verdadeiro trabalho. *Contudo, aqueles que a vissem como um* prazer total, *nunca parariam.*

Nem todos podem ter um emprego assim.

Não é verdade. Todos podem.

A alegria no local de trabalho não tem nada que ver com a função, e tem tudo que ver com o objetivo.

A mãe que acorda às quatro da manhã para trocar a fralda de seu bebê sabe muito bem disso. Ela cantarola e sussurra para o bebê, e para todo o mundo não parece que ela está realizando um trabalho. Contudo, é a sua atitude em relação ao que faz, sua intenção, seu objetivo *durante essa atividade, que torna a atividade um verdadeiro prazer.*

Eu já usei esse exemplo de maternidade, porque o amor de uma mãe por seu filho é o mais perto que se pode chegar da compreensão de alguns dos conceitos dos quais Eu falo neste livro e nesta trilogia.

Ainda assim, qual seria o objetivo de acabar com o "potencial de ganho ilimitado"? Isso não tiraria da experiência humana uma de suas maiores oportunidades, suas aventuras mais gloriosas?

Vocês ainda teriam a oportunidade e a aventura de ganhar uma quantia ridícula. O limite superior da renda passível de ser retida seria muito alto — mais do que a pessoa comum precisaria... do que dez pessoas comuns precisariam. E a quantia que vocês poderiam ganhar *não seria limitada — só o seria a quantia que escolheriam reter para uso pessoal. O restante — tudo, digamos, mais de 25 milhões de dólares por ano (Eu uso como exemplo um número arbitrário) — seria gasto em programas e serviços em benefício de toda a humanidade.*

Quanto ao motivo — o porquê *disso...*

O limite superior da renda que poderia ser retida seria um reflexo de uma mudança de consciência no planeta; uma consciência de que o objetivo mais elevado da vida não é obter a maior riqueza, mas fazer o maior bem — e uma consciência resultante de que, de fato, a concentração de riquezas, *não a sua distribuição, é o único fator responsável pela criação dos problemas sociais e políticos mais crônicos e surpreendentes.*

A oportunidade de acumular riquezas — riquezas ilimitadas — é a base do sistema capitalista, um sistema de livre iniciativa e competição aberta que produziu a maior sociedade que o mundo já viu.

O problema é que você realmente acredita nisso.

Não, não acredito. Mas falei aqui em nome daqueles que *realmente* acreditam.

Aqueles que realmente acreditam estão terrivelmente enganados e não vêem coisa alguma da realidade atual em seu planeta.

Nos Estados Unidos, 1,5% de pessoas acumulam mais riquezas do que 90%. Os rendimentos das 834 mil pessoas mais ricas representam quase um trilhão de dólares a mais do que os dos 84 milhões de pessoas mais pobres.

E daí? Elas trabalharam para isso.

Vocês, americanos, tendem a ver o status *como uma finalidade do esforço individual. Alguns "conseguiram", e então presumem que todos podem conseguir. Essa visão é simplista e ingênua. Presume que todos têm oportunidades iguais, quando na verdade, na América, assim como no México, os ricos e poderosos brigam e usam de ardis para conservar seu dinheiro e seu poder, e* aumentá-los.

E daí? O que há de errado nisso?

Eles fazem *isso* eliminando *sistematicamente a competição,* minimizando *institucionalmente as reais oportunidades, e* controlando *coletivamente o fluxo e o aumento das riquezas.*

Para isso fazem uso de todos os tipos de estratagemas, de práticas de trabalho injustas que exploram os pobres do mundo a práticas de competição que minimizam (se é que não destroem) as chances de um recém-chegado entrar para o Círculo Interno dos bem-sucedidos.

Então tentam controlar a política pública e os programas governamentais em todo o mundo para garantir ainda mais *que as pessoas continuem a ser controladas e subservientes.*

Eu não acredito que os ricos fazem isso. Não o maior número deles. É possível que haja um punhado de conspiradores, mas creio que...

Na maioria dos casos não são os indivíduos *ricos que fazem isso; são os sistemas e as instituições sociais que eles representam. Esses sistemas e essas instituições foram* uma criação *dos ricos e poderosos — e são eles que continuam a dar-lhes apoio.*

Ficando por trás desses sistemas e dessas instituições sociais, os indivíduos podem eximir-se de qualquer responsabilidade pessoal pelas condições que oprimem as massas, enquanto favorecem os ricos e poderosos.

Por exemplo, vamos voltar à saúde na América. Milhões de pobres americanos não têm acesso à medicina preventiva. Não se pode apontar para um médico individual *e dizer que é sua culpa que, na nação mais rica na Terra, milhões de pessoas só podem ver um médico se estiverem em apuros em uma sala de emergência.*

Nenhum médico individual *pode ser culpado por essa situação, e contudo* todos os médicos se beneficiam dela. *Toda a profissão médica e todas as indústrias vinculadas à medicina têm lucros sem precedentes com um sistema que* institucionalizou *a discriminação de pobres e desempregados.*

E esse é apenas um exemplo de como o "sistema" faz os ricos ficarem mais ricos e os pobres mais pobres.

O fato é que são os ricos e poderosos que apóiam essas estruturas sociais e resistem firmemente a qualquer esforço real de mudá-las. *Eles se opõem a toda abordagem política ou econômica que tente fornecer oportunidades reais e dignidade genuína para todas as pessoas.*

Quase todos os ricos e poderosos, individualmente, são pessoas boas, com tanta compaixão quanto todos. Mas mencione um conceito ameaçador para eles *como limites de renda anuais (até mesmo limites ridiculamente altos, como 25 milhões de dólares anuais), e começarão a falar sobre usurpação dos direitos individuais, o fim do "estilo americano" e a "perda de incentivo".*

Mas e quanto ao direito de todas *as pessoas de viver em um ambiente com o mínimo de conforto, comida suficiente para que não morram de fome e roupas para aquecê-las? E quanto ao direito das pessoas* de todos os lugares *de ter acesso a tratamento médico adequado — o direito de não* sofrer *ou* morrer *devido a complicações médicas menos graves que aqueles com dinheiro superam com o estalar de um dedo?*

Os recursos de seu planeta — inclusive os frutos do trabalho *de grande número de pessoas indescritivelmente pobres que são contínua e sistematicamente exploradas — pertencem a todos no mundo, não apenas aos que são ricos e poderosos o bastante para realizar a exploração.*

E eis como a exploração funciona. Seus industriais ricos vão a um país ou a uma área em que não há empregos e as pessoas vivem na miséria. Eles instalam uma fábrica ali, oferecendo a esses pobres empregos — às vezes com cargas horárias de 10, 12 ou 14 horas por dia — com salários baixos, para não dizer desumanos. *Note bem, esses salários não são o suficiente para permitir que esses trabalhadores escapem de suas vilas infestadas de ratos, mas são o suficiente para deixá-los viver* assim, *em vez de não ter* qualquer alimento ou abrigo.

E quando são convidados a falar sobre isso, esses capitalistas dizem: "As pessoas estão melhor do que estavam antes, não? Nós lhes demos um destino melhor! Estão aceitando os empregos, não? *Nós lhes demos uma* oportunidade! *E estamos correndo todos os* riscos!"

Mal qual é o risco de pagar às pessoas 75 centavos por hora para fabricar um par de tênis que será vendido por 125 dólares?

Isso é correr riscos, ou pura e simples exploração?

Esse sistema torpe só poderia existir em um mundo movido pela ganância, em que a margem de lucro, não a dignidade humana, é a primeira consideração.

Aqueles que dizem que "em relação aos padrões vigentes em sua sociedade, esses camponeses estão se saindo maravilhosamente *bem" são hipócritas da primeira ordem. Eles atirariam uma corda a um homem que se afoga, mas* se recusariam a puxá-lo para a margem. *Então diriam que* uma corda é melhor do que uma pedra.

Em vez de proporcionar uma vida realmente digna para aqueles "que não têm", aqueles "que têm" dão-lhes apenas o suficiente para torná-los dependentes — mas não o suficiente para torná-los realmente poderosos. Porque as pessoas de real poder econômico têm a capacidade de causar impacto, *e não apenas de se sujeitar "ao sistema". E essa é a última coisa que os criadores do sistema querem!*

Por isso a conspiração continua. E para a maioria dos ricos e poderosos, essa não é uma conspiração de atos, mas de silêncio.

Então vá agora — siga o seu caminho — e não diga coisa alguma *a respeito da torpeza de um sistema socioeconômico que recompensa um executivo com um bônus de 70 milhões de dólares por aumentar as vendas de uma bebida não-alcoólica, enquanto 70 milhões de* pessoas *não podem se dar ao luxo de tomá-la — muito menos de comer o suficiente para permanecer sadias.*

Não veja *torpeza nisso. Dê-lhe o nome de Economia de Livre Mercado, e diga a todos o quanto* se orgulha *dela.*

Contudo, está escrito:

Se quiseres ser perfeito,
Vende tudo que tens, e dá aos pobres,
E terás o tesouro no Céu.
Mas quando o jovem ouviu isso, foi embora, pesaroso,
Porque tinha muitos bens.

Capítulo 19

Poucas vezes eu vi o Senhor tão indignado. Deus não fica indignado. Isso prova que o Senhor não é Deus.

Deus é, e pode ser, tudo. *Não há coisa alguma que não seja, e tudo que Ele experimenta de Si Mesmo, experimenta em, como e por meio de* você. *É a* sua *indignação que você está sentindo.*

O Senhor está certo. Porque concordo com tudo que disse.

Eu sei que todo pensamento que lhe transmito você recebe através do filtro de sua experiência, sua verdade, seu discernimento, suas decisões e suas escolhas e declarações sobre Quem É e Quem Escolhe Ser. Não há outro modo de recebê-los. Não deveria ser de outra maneira.

Bem, lá vamos nós novamente. Está dizendo que nenhuma dessas idéias e emoções são *Suas*, que *todo este livro* poderia estar errado? Está dizendo que toda essa experiência de minha conversa com o Senhor poderia ser apenas uma compilação de *meus* pensamentos e sentimentos a respeito de alguma coisa?

Considere a possibilidade de Eu estar lhe dando *seus pensamentos e sentimentos a respeito de alguma coisa (de onde supõe que eles vêm?); de que estou co-criando com você as suas experiências; de que sou parte de suas decisões, escolhas e declarações. Considere a possibilidade de Eu ter escolhido você, junto com muitas outras pessoas, para ser Meu mensageiro, muito antes de este livro ser produzido.*

É difícil acreditar nisso.

Sim. Nós tratamos detalhadamente desse assunto no Livro I. Contudo, Eu falarei para este mundo, dentre outros modos, por intermédio de meus mestres e mensageiros. E neste livro direi a vocês que seus sistemas econômicos, políticos, sociais e religiosos são primitivos. Eu observo que quase todos vocês são arrogantes, e acham que são os melhores. Vejo-os resistindo a qualquer mudança ou melhoria que tire qualquer coisa de vocês — não importa a quem isso poderia ajudar.

Eu repito que o seu planeta precisa de uma grande mudança na consciência. Na consciência de vocês. De um novo respeito por toda a vida e de uma compreensão mais profunda da relação que há entre todas as coisas.

Bem, o Senhor é Deus. Se não quer que as coisas sejam como são, por que não as muda?

Como Eu já lhe expliquei, desde o início Minha decisão foi dar-lhe liberdade para criar a sua vida — e, portanto, o seu Eu — como deseja que seja. *Você não poderá conhecer o seu Eu como o Criador se Eu lhe disser o quê e como criar, e depois exigir ou fizer com que crie isso. Se Eu agir assim, Meu objetivo estará perdido.*

Mas agora vamos observar o que foi *criado em seu planeta, e ver se isso não o deixa um pouco indignado.*

Vamos olhar para apenas quatro páginas de um de seus maiores jornais diários em um dia típico.

Pegue o jornal de hoje.

Está bem. Hoje é sábado, 9 de abril de 1994, e estou olhando para o *San Francisco Chronicle.*

Ótimo. Abra-o em qualquer página.

Sim. Abri na página A-7.

O que vê aí?

A manchete é: "Países em desenvolvimento discutem os direitos dos trabalhadores."

Ótimo. Continue.

A reportagem é sobre o que chamam de "antiga discordância" entre as nações industrializadas e os países em desenvolvimento a respeito dos direitos dos trabalhadores. Diz que os líderes de alguns países em desenvolvimento "temem que uma campanha para ampliar os direitos dos trabalhadores crie um meio sub-reptício de impedir que seus produtos, fabricados com um baixo custo de mão-de-obra, cheguem aos mercados consumidores das nações ricas".

Continua afirmando que os negociadores do Brasil, da Malásia, da Índia, de Singapura e de outros países em desenvolvimento têm-se recusado a formar um comitê permanente da Organização de Comércio Internacional que se encarregaria de criar uma política de direitos dos trabalhadores.

A que direitos a reportagem se refere?

Está escrito, "direitos básicos dos trabalhadores", como proibições de trabalho forçado, padrões de segurança no trabalho e uma garantia da oportunidade de negociar coletivamente.

E por que os países em desenvolvimento não querem que esses direitos façam parte de um acordo internacional? Eu lhe digo por quê. Mas primeiro vamos deixar claro que não são os trabalhadores *desses países que se opõem a esses direitos. Os "negociadores" dos países em desenvolvimento são as mesmas pessoas — ou estão intimamente ligados a elas — que* possuem e dirigem as fábricas. *Em outras palavras — os ricos e poderosos.*

Como nos tempos que antecederam o movimento dos trabalhadores na América, essas são as pessoas que se beneficiam com a exploração da classe operária.

Você pode estar certo de que elas estão sendo assessoradas pelos poderosos dos Estados Unidos e de outras nações ricas, cujos industriais — que não podem mais explorar os trabalhadores em seus próprios países — estão subcontratando proprietários de fábricas nos países em desenvolvimento (ou construindo suas próprias fábricas nesses países) para explorar trabalhadores estrangeiros que ainda não estão sendo usados por outras pessoas para aumentar os seus lucros já enormes.

Mas a reportagem afirma que é o nosso governo — a administração atual — que insiste em que os direitos dos trabalhadores sejam parte de um acordo de comércio internacional.

Seu líder atual, Bill Clinton, é um homem que acredita nos direitos básicos dos trabalhadores, mesmo se seus industriais poderosos não acreditam. Ele está lutando corajosamente contra os interesses ocultos dos ricos. Outros presidentes americanos e líderes de todo o mundo foram assassinados por menos.

Está dizendo que o Presidente Clinton será assassinado?

Digamos apenas que haverá forças enormes tentando tirá-lo da presidência. Eles precisam tirá-lo de lá — como fizeram com John Kennedy há 30 anos.

Como ocorreu com Kennedy, Bill Clinton está fazendo tudo que os ricos odeiam. Não só insistindo no respeito aos direitos dos trabalhadores em todo o mundo, como ficando do lado dos "mais fracos" em praticamente todas as questões sociais.

Por exemplo: ele acha que um tratamento médico adequado é direito de todos — possam ou não pagar os preços e honorários exorbitantes que a comunidade médica americana cobra. Disse que esses custos têm de cair. Isso não o tornou muito popular entre os americanos ricos e poderosos — de fabricantes de produtos farmacêuticos a companhias seguradoras, corporações médicas e empresários que têm de oferecer uma cobertura de apólice de seguros decente para seus trabalhadores. Pessoas que hoje ganham muito dinheiro terão de ganhar um pouco menos para os pobres da América terem direito a tratamento médico ilimitado.

Isso não está tornando o Sr. Clinton o homem mais popular do país. Pelo menos não entre certas pessoas — que já provaram neste século que têm a capacidade de tirar um presidente de seu posto.

Está dizendo...?

Estou dizendo que a luta entre aqueles "que têm" e aqueles "que não têm" é eterna e epidêmica em seu planeta. Sempre será assim enquanto os interesses econômicos, em vez dos humanitários, prevalecerem no mundo — enquanto o corpo, não a alma, for a maior preocupação do homem.

Bem, acho que o Senhor está certo. Na página A-14 do mesmo jornal há uma manchete: "Recessão gera ódio na Alemanha." O subtítulo é: "Com os altos níveis de desemprego no pós-guerra, aumenta a separação entre ricos e pobres."

Sim. E o que diz essa reportagem?

Que há uma grande insatisfação entre os engenheiros, professores, cientistas, operários, carpinteiros e cozinheiros desempregados. A nação enfrenta dificuldades econômicas e há "uma sensação geral de que o fardo não foi justamente distribuído."

É verdade. Não foi. A reportagem diz o que causou tantas demissões?

Sim. Diz que os desempregados são "trabalhadores cujos patrões se mudaram para países onde a mão-de-obra é mais barata".

Ahá! Eu gostaria de saber se muitas pessoas que leram o seu San Francisco Chronicle *hoje viram a conexão entre as reportagens das páginas A-7 e A-14.*

A reportagem também salienta que quando há demissões, as mulheres são as primeiras a ser dispensadas do serviço. Diz que "as mulheres representam mais da metade dos desempregados no país, e quase dois terços no leste".

É claro. Bem, Eu continuo a afirmar — apesar do fato de que a maioria de vocês não quer ver ou admitir — que seu mecanismo socioeconômico discrimina sistematicamente *classes de pessoas. Vocês* não *estão fornecendo oportunidades iguais, embora digam que* estão. *Precisam acreditar em sua mentira sobre isso, mas para se sentirem bem em relação a si mesmos, em geral se ressentem de quem lhes mostra a verdade. E negam todas as evidências que lhes são apresentadas.*

A sua é uma sociedade de avestruzes.

Bem — o que mais *há no jornal de hoje?*

Na página A-4 há uma reportagem com o título: "Nova pressão federal para acabar com a discriminação relativa à moradia." Está escrito que: "Os órgãos federais que regulamentam a moradia estão traçando um plano para obrigar as pessoas... a juntar esforços a fim de acabar para sempre com a discriminação racial nessa área."

O que você deve se perguntar é: por que as pessoas devem ser obrigadas a fazer isso?

Nós temos uma Lei de Direitos Iguais de Moradia, que proíbe a discriminação com base em raça, cor, religião, sexo, nacionalidade, na incapacidade ou na composição familiar. Contudo, muitas comunidades locais fizeram pouco para acabar com essa discriminação. Muitos neste país ainda acham que uma pessoa deveria poder fazer o que quer com a sua propriedade privada — inclusive alugá-la ou *não* para quem escolher.

Mas se todos os locadores pudessem fazer essas escolhas, e se eles tendessem a refletir uma consciência de grupo e uma atitude generalizada em relação a certas categorias e classes de pessoas, todos os segmentos da população poderiam perder sistematicamente as oportunidades de encontrar lugares decentes para viver. E, na ausência de uma moradia decente, *os barões da terra e proprietários de cortiços poderiam cobrar preços exorbitantes por habitações horríveis, fornecendo pouca ou nenhuma manutenção. E mais uma vez os ricos e poderosos espoliariam as massas, desta vez usando o disfarce dos "direitos de propriedade".*

Bem, os proprietários de imóveis deveriam ter *alguns* direitos.

E quando os direitos de poucos vão contra os direitos de muitos?

Essa é, e sempre foi, a pergunta feita por toda sociedade civilizada.

Haverá um tempo em que o maior bem de todos suplantará os direitos individuais? A sociedade tem uma responsabilidade para consigo mesma?

Suas leis de direitos iguais de moradia são o seu modo de dizer sim.

E a incapacidade de cumprir e pôr em vigor essas leis é o modo de os ricos e poderosos dizerem: "Não — tudo que importa são os nossos *direitos."*

Mais uma vez, seu atual presidente e sua administração estão debatendo isso. Nem todos os presidentes americanos desejaram tanto enfrentar os ricos e poderosos em ainda outra frente.

Eu percebo isso. A reportagem diz que os funcionários da Administração Clinton que tratam da moradia fizeram mais investigações sobre a discriminação nessa área no breve tempo em que ocuparam seus cargos do que *foram feitas nos dez anos anteriores.* Um porta-voz da Fair Housing Alliance, um grupo consultivo em Washington, disse que a insistência da Administração Clinton em que as leis de direitos iguais de moradia fossem cumpridas era algo que eles haviam tentado durante anos que outras administrações fizessem.

E por isso o atual presidente faz ainda mais inimigos entre os ricos e poderosos: industriais, fabricantes de remédios e companhias de seguro, médicos e conglomerados médicos e investidores em imóveis. Todas as pessoas com dinheiro e influência.

Como foi observado antes, não será fácil para Clinton governar a nação.

Mesmo enquanto isso está sendo escrito — abril de 1994 — a pressão aumenta sobre ele.

Sua edição do jornal de 9 de abril lhe diz mais alguma coisa sobre a raça humana?

Bem, voltando à página A-14, há uma foto de um líder político russo brandindo seus punhos. Debaixo dela há uma reportagem com o título: "Zhirinovsky agride colegas no Parlamento." A reportagem observa que Vladimir Zhirinovsky "se meteu em outra briga ontem, esmurrando" um oponente político e gritando em seu rosto: "Eu vou fazê-lo apodrecer na cadeia! Vou arrancar a sua barba fio por fio!"

E você se pergunta por que as nações *entram em guerra? Eis aí um líder de um grande movimento político, e nos salões do Parlamento ele tem de provar a sua masculinidade* agredindo seu oponente.

A sua é uma raça muito primitiva, em que a força é tudo que vocês compreendem. Não existe uma verdadeira lei em seu planeta. A Verdadeira Lei é a Lei Natural — que não pode e nem precisa *ser explicada ou ensinada. É* observável.

A verdadeira lei é aquela pela qual as pessoas aceitam voluntariamente ser governadas, porque são governadas por ela naturalmente. Por isso, sua aceitação não é tanto uma concordância, mas sim um reconhecimento mútuo de que é Assim.

Essas leis não precisam ser impostas. Já o foram, por meio do simples expediente da conseqüência inegável.

Deixe-Me dar-lhe um exemplo. Os seres muito evoluídos não batem nas cabeças uns dos outros com um martelo, porque sabem que isso dói. Não o fazem com ninguém, *pelo mesmo motivo.*

Os seres evoluídos observaram que se você batesse em alguém com um martelo, essa pessoa ficaria machucada. Se continuasse a fazê-lo, ficaria zangada. Se continuasse a deixá-la irritá-la, ela encontraria um martelo e acabaria revidando. Portanto, os seres evoluídos sabem que se você bater em alguém com um martelo, estará batendo em si mesmo com ele. Não faz diferença se tem mais martelos, ou um martelo grande. Cedo ou tarde será machucado.

Esse resultado é observável.

Os seres não evoluídos — primitivos *— observam a mesma coisa. Simplesmente não se importam com isso.*

Os seres evoluídos não querem entrar no jogo de Quem Tiver o Maior Martelo Vence. Os seres primitivos não jogam outra coisa.

Acontece que esse é um jogo em grande parte masculino. Na sua espécie, muito poucas mulheres querem jogar Martelos Que Machucam. Elas jogam um novo jogo. Dizem: "Se eu tivesse um martelo, tentaria produzir justiça, liberdade e amor entre meus irmãos e minhas irmãs, em toda esta terra."

Está dizendo que as mulheres são mais evoluídas do que os homens?

Eu não julgo isso. Simplesmente observo.

Veja bem, a verdade — como a Lei Natural — é observável.

Mas qualquer lei que não é natural não é observável, e por isso precisa ser explicada para vocês. É preciso lhes dizer *porque é para o seu próprio bem. Isso tem de ser demonstrado para vocês, o que não é uma tarefa fácil, porque se uma coisa é para o seu próprio bem, é* evidente por si mesma.

Somente o que não é evidente por si mesmo precisa ser explicado.

É preciso uma pessoa muito incomum e determinada para convencer as pessoas de algo que não é evidente por si mesmo. Foi com esse objetivo que vocês inventaram os políticos.

E o clero.

Os cientistas não dizem muito. Em geral não são muito loquazes. Não têm de ser. Se conduzem uma experiência que é bem-sucedida, simplesmente lhes mostram o que fizeram. Os resultados falam por si mesmos. Por isso os cientistas costumam ser pessoas de poucas palavras. Não têm de ser de outro modo. O motivo é que seu trabalho é evidente por si mesmo. Além disso, se sua experiência não foi bem-sucedida, não têm coisa alguma a dizer.

Isso não acontece com os políticos. Mesmo se eles fracassaram, *falam. De fato, às vezes quanto mais fracassam, mais falam.*

O mesmo é verdadeiro no que diz respeito às religiões. Quanto mais elas fracassam, mais falam.

Contudo, Eu lhe digo que a Verdade e Deus se encontram no mesmo lugar: no silêncio.

Quando você encontra Deus e a Verdade, não é preciso falar sobre isso, porque é evidente por si mesmo.

Se você fala *muito sobre Deus, provavelmente é porque ainda O está procurando. Não faz mal. Apenas saiba o ponto em que está.*

Mas os mestres falam sobre Deus o tempo todo. É o que *nós* fizemos neste *livro*.

Você ensina aquilo que escolhe aprender. E, sim, este livro fala sobre Deus, bem como sobre a vida, o que o torna um bom exemplo. Você se dedicou a escrevê-lo porque ainda está Me procurando.

Sim.

De fato. E o mesmo é verdadeiro para os seus leitores.

Mas estávamos falando sobre a criação. No início deste capítulo, você Me perguntou por que, se Eu não gostava do que via na Terra, não a mudava.

Eu não julgo o que vocês fazem. Simplesmente observo e descrevo de vez em quando, como tenho feito neste livro.

Mas agora devo lhe perguntar — esqueça as Minhas observações e descrições — como você se sente a respeito do que tem observado das criações de seu planeta. Você leu reportagens de apenas um dia de seu jornal, e até agora descobriu que:

- *As nações se recusam a garantir os direitos básicos dos trabalhadores.*
- *Os ricos ficam mais ricos e os pobres ficam mais pobres devido a uma depressão na Alemanha.*
- *O governo americano tem de obrigar os proprietários de imóveis a cumprir as leis de direitos iguais de moradia.*
- *Um líder poderoso diz a seu oponente político: "Eu vou fazê-lo apodrecer na cadeia. Vou arrancar a sua barba fio por fio!" enquanto lhe dá um soco e o atira no chão, durante uma sessão legislativa na Rússia.*

Esse jornal tem algo mais para Me mostrar sobre a sua sociedade "civilizada"?

Bem, há uma reportagem na página A-13 com o título: "Civis são os que mais sofrem na guerra civil angolana." O subtítulo é: "Nas áreas rebeldes, os oficiais vivem luxuosamente enquanto milhares morrem de fome."

Já basta. Estou entendendo o quadro. E isso é apenas o jornal de um dia?

Um *caderno* do jornal de um dia. Eu não saí do caderno A.

Por isso Eu repito — seus sistemas econômico, político, social e religioso são primitivos. *Não farei coisa alguma para mudar isso, pelos motivos que apresentei. Vocês devem ter* livre-arbítrio *no que diz respeito a essas coisas, para poderem experimentar o Meu objetivo mais elevado para vocês — que é se conhecerem como o Criador.*

E depois de milênios, foi até esse ponto que vocês evoluíram — foi isso que criaram.

Isso não o deixa indignado?

Contudo, você fez uma coisa boa. Veio a Mim em busca de conselhos.

Repetidamente a sua "civilização" tem-se voltado para Deus, perguntando: "Onde nós erramos?" "Como podemos melhorar?" O fato de vocês terem sistematicamente ignorado os Meus conselhos não Me impede de oferecê-los de novo. Como um bom pai, estou sempre pronto para fazer uma observação útil quando me pedem. Também como um bom pai, desejo continuar a amá-los mesmo se sou ignorado.

Por isso, estou descrevendo as coisas como realmente são. E estou lhe dizendo como pode se sair melhor. Estou fazendo de um modo que o deixa um pouco indignado, porque quero chamar a sua atenção. Vejo que tenho de fazer isso.

O que poderia *causar* a grande mudança de consciência da qual o Senhor falou repetidamente neste livro?

Há uma pequena mudança acontecendo. Nós estamos pouco a pouco tirando do bloco de granito, que é a experiência humana, seu excesso não desejado, como um escultor tira o excesso para criar e revelar a verdadeira beleza da escultura final.

"Nós"?

Você e Eu, por meio do nosso trabalho nesses livros, e em muitos outros, todos mensageiros. Os escritores, artistas, produtores de televisão e cinema. Os músicos, cantores, atores, dançarinos, professores, xamãs e gurus. Os políticos, líderes (sim, há alguns muito bons e sinceros), médicos, advogados (sim, há alguns muito bons e sinceros!), as mães, os pais, as avós e os avôs em salas de estar, cozinhas e pátios dos fundos de toda a América, e de todo o mundo.

Vocês são os precursores, os anunciadores.

E a consciência de muitas pessoas está mudando.

Por sua causa.

Será preciso uma calamidade mundial, um desastre de gigantescas proporções, como alguns têm sugerido? A Terra deve se inclinar em seu eixo, ser atingida por um meteoro, fazer desaparecer todos os seus continentes, antes de as pessoas ouvirem? Devemos ser visitados por seres de outros planetas e ficar loucos de medo antes de termos visão suficiente para perceber que somos todos Um? É preciso que todos enfrentemos a ameaça da morte antes de sermos galvanizados para encontrarmos um novo modo de viver?

Esses eventos dramáticos não são necessários — mas poderiam ocorrer.

Ocorrerão?

Você acha que o futuro pode ser previsto — mesmo por Deus? Eu lhe digo que o futuro pode ser criado. Crie-o como quiser.

Mas o Senhor disse antes que na verdadeira natureza do tempo *não* há "futuro"; que todas as coisas acontecem no Momento Atual — no Momento Eterno do Agora.

Isso é verdade.

Bem, esses terremotos, essas enchentes e esses meteoros estão atingindo o planeta "agora", ou não? Não me diga que Deus não *sabe.*

Você quer que essas coisas aconteçam?

É claro que não. Mas o *Senhor* disse que tudo que *irá* acontecer *já* aconteceu — está acontecendo *agora.*

Isso é verdade. Mas o Momento Eterno do Agora também está eternamente mudando. *É como um mosaico — que está sempre lá, mas sempre mudando. Você não pode pestanejar, porque será diferente quando abrir os olhos de novo. Observe! Olhe! Está vendo? Lá vai ele novamente!*

EU ESTOU SEMPRE MUDANDO.

O que faz o Senhor mudar?

Sua idéia sobre Mim! Seu pensamento *sobre* tudo *é o que faz tudo mudar* — instantaneamente.

Às vezes a mudança no Todo é sutil, praticamente imperceptível, dependendo do poder do pensamento. *Mas quando há um pensamento forte — ou* coletivo — *há um impacto tremendo, um efeito incrível.*

Tudo muda.

Então — *haverá* o tipo de grande calamidade mundial a que o Senhor se refere?

Não sei. Haverá?

Você *decide. Lembre-se de que está escolhendo sua realidade* agora.

Eu escolho que isso não aconteça.

Então não acontecerá. A menos que se deixe que aconteça.

Lá vamos nós de novo.

Sim. Você deve aprender a conviver com a contradição. E deve compreender a maior verdade: Nada Importa.

Nada importa?

Eu explicarei isso no Livro III.

Bem ... está certo, mas não gosto de ter de esperar por essas coisas.

Já há muito aqui para você assimilar. Dê um tempo para si mesmo. Um pouco de espaço.

Podemos continuar mais um pouco? Sinto que o Senhor está se despedindo. Sempre começa a falar assim quando está prestes a se despedir. Eu gostaria de falar sobre algumas outras coisas... como, por exemplo, seres de outro planeta — eles *existem?*

Na verdade, também vamos falar sobre isso no Livro III.

Ah, por favor! Fale apenas um pouco sobre esse assunto agora!

Você quer saber se há vida inteligente em outras partes do Universo?

Sim. É claro.

É tão primitiva quanto a nossa?

Algumas formas de vida são mais primitivas, outras, menos. E algumas são muito mais avançadas.

Já recebemos a visita de seres extraterrestres?

Sim. Muitas vezes.

Com que objetivo?

Pesquisar. Em alguns casos ajudar gentilmente.

Como eles ajudam?

Ah, dão um apoio de vez em quando. Por exemplo, certamente vocês têm consciência de que fizeram mais progressos tecnológicos nos últimos 75 anos do que em toda a história da humanidade.

Sim. Creio que sim.

Você acha que tudo, de aviões supersônicos a chips *de computadores que vocês implantam em seus corpos para regular seus corações veio da mente do homem?*

Bem... sim!

Então por que o homem não os inventou há milhares de anos?

Não sei. Creio que a tecnologia não estava disponível. Quero dizer, uma coisa leva a outra. Mas a tecnologia inicial não existia. É tudo um processo de evolução.

Você não acha estranho em um processo de evolução de um bilhão de anos haver, no espaço de 75 a 100 anos, uma "grande e súbita compreensão"?

Não vê que foge ao padrão *o fato de muitas pessoas agora neste planeta terem visto o aparecimento de tudo, do rádio ao radar e à eletrônica,* em suas vidas?

Não percebe que o que aconteceu aqui representa um grande salto? Um passo para frente de tal magnitude e proporção que desafia toda lógica?

O que o Senhor está dizendo?

Estou dizendo que considere a possibilidade de estarem sendo ajudados.

Se estamos sendo "ajudados" tecnologicamente, por que não estamos sendo ajudados espiritualmente? Por que não estamos tendo alguma ajuda com essa "mudança de consciência"?

Vocês estão tendo.

Eu estou?

O que você acha que é este livro?

Hmmm.

Além disso, todos os dias novas idéias, novos pensamentos e novos conceitos estão sendo colocados diante de você.

O processo de mudar a consciência, aumentando a consciência espiritual de todo o planeta, é um processo lento. É preciso tempo e grande paciência. Vidas inteiras. Gerações.

Mas pouco a pouco vocês estão chegando lá. Estão mudando gradualmente. A mudança ocorre devagar.

E o Senhor está me dizendo que seres extraterrestres estão nos ajudando nisso?

Sim. Eles estão entre vocês agora, em grande número. Eles os ajudam há anos.

Por que não se mostram? Não revelam quem são? Isso não tornaria o seu impacto muito maior?

Seu objetivo é ajudá-los na mudança que vêem que a maioria de vocês deseja, não criá-la; encorajá-la, não forçá-la.

Se eles revelassem quem eram, vocês seriam forçados, pelo mero poder de sua presença, a prestar-lhes muitas homenagens e a dar muita importância às suas palavras. É preferível que as pessoas revelem a sua própria sabedoria. A sabedoria que vem de dentro não é facilmente ignorada como a que vem de fora. Você tende a acreditar mais naquilo que criou do que naquilo que lhe disseram.

Nós algum dia os veremos, conheceremos esses visitantes extraterrestres como realmente são?

Ah, sim. Virá o tempo em que suas consciências se elevarão e seus medos desaparecerão, e eles se mostrarão para vocês.

Alguns desses seres já fizeram isso — com uma pequena quantidade de pessoas.

E quanto à teoria, que cada vez se torna mais popular, de que esses seres são malévolos? Há alguns que querem nosso mal?

Há alguns seres humanos que querem o seu mal?

É claro que sim.

Alguns desses seres — os menos evoluídos — podem ser julgados por vocês do mesmo modo. Contudo, lembre-se de Minha recomendação. Não julgue. Ninguém faz nada errado, dado seu modelo do Universo.

Alguns seres avançaram em sua tecnologia, mas não em seu pensamento. Sua raça é até certo ponto assim.

Mas se esses seres malévolos são tão tecnologicamente avançados, é claro que poderiam nos destruir. Como impedi-los?

Vocês estão sendo protegidos.

Estamos?

Sim. Estão tendo a oportunidade de cumprir o seu próprio destino. Sua consciência criará o resultado.

Que significa?

Que nisso, como em todas as coisas, o que você pensa é o que obtém.

Que o que teme é o que atrairá.

Que aquilo a que resiste é o que persistirá.

Que aquilo para o que você olha desaparece — dando-lhe uma chance de recriá-lo repetidamente, se desejar, ou bani-lo para sempre da sua experiência.

Que aquilo que escolhe, experimenta.

Hmmm. Por alguma razão não parece ser assim em minha vida.

Porque você duvida do poder. Duvida de Mim.

Provavelmente essa não é uma boa idéia.

Definitivamente não.

Capítulo 20

Por que as pessoas duvidam do Senhor?

Porque duvidam de si mesmas.

E por que duvidam de si mesmas?

Porque foram ensinadas a fazer isso.

Por quem?

Por pessoas que afirmavam estar Me representando.

Não entendi. Por quê?

Porque esse foi um modo, o único modo, de controlá-las. Veja bem, você deve *duvidar de si mesmo, ou reivindicará todo o seu poder. Isso não seria bom. Nada bom. Não para as pessoas que atualmente o detêm. Elas detêm o poder que é seu — e sabem disso. E o único modo de conservá-lo é evitar que o mundo enxergue, e então resolva, os dois maiores problemas da experiência humana.*

Quais?

Bem, Eu os discuti repetidamente neste livro. Então resumindo...

Quase todos — se não todos — os problemas e conflitos do mundo, e seus problemas e conflitos como indivíduos, seriam resolvidos se vocês, como uma sociedade:

1. Abandonassem o conceito de Separação.

2. Adotassem o conceito de Visibilidade.

Nunca se vejam novamente como separados uns dos outros, e de Mim. Nunca digam nada além de toda a verdade para todo o mundo, e nunca mais aceitem algo menos que a sua *maior verdade sobre Mim.*

A primeira escolha produzirá a segunda, porque quando vocês virem e compreenderem que são Um com Todos, não *poderão mais contar uma mentira, esconder dados importantes ou deixar de ser totalmente visíveis para todas as outras pessoas,* porque saberão que isso é de seu interesse.

Mas essa mudança de paradigma exigirá grande sabedoria, coragem e determinação. Porque o Medo se instalará no interior desses conceitos e dirá que são falsos. Estará no centro dessas verdades magnificentes e as fará parecer mentiras. O medo as distorcerá, desprezará e destruirá. E por isso será o seu maior inimigo.

Contudo, você não terá de — não poderá — produzir a sociedade pela qual ansiou e com que sempre sonhou até ver com sabedoria e clareza a verdade máxima: que aquilo que faz com o próximo, faz consigo mesmo; que aquilo que deixa de fazer pelo próximo, deixa de fazer por si mesmo; que o sofrimento do próximo é o seu sofrimento, que a alegria do próximo é a sua alegria, e que quando você nega qualquer parte disso, nega uma parte de si mesmo. Chegou o momento de afirmar-se. *De voltar a ver-se como Quem Realmente É, e assim tornar-se novamente visível. Porque quando você e seu verdadeiro relacionamento com Deus se torna visível, Nós nos tornamos* indivisíveis. *E nada jamais Nos dividirá.*

E apesar do fato de que você viverá novamente na ilusão da separação, usando-a como uma ferramenta para recriar o seu Eu, daí em diante se moverá através de suas encarnações com iluminação, vendo a ilusão como aquilo que é, usando a alegremente para experimentar qualquer aspecto de Quem Nós Somos que deseje, e contudo nunca mais o aceitando como realidade. Você nunca mais terá de usar o artifício do esquecimento para recriar o seu Eu, mas usará conscientemente *a Separação, apenas* escolhendo *manifestar-se como Aquilo Que É Separado por uma razão particular e com um determinado objetivo.*

E assim, quando você for totalmente iluminado — isto é, de novo cheio de luz — poderá até mesmo escolher, como sua razão particular para retornar à vida física, fazer outras pessoas se lembrarem de Quem São. Poderá escolher retornar para esta vida física não para criar e experimentar um novo aspecto do seu Eu, mas para trazer a luz da verdade para este lugar de ilusão — e para que outras pessoas possam vê-la. Então você será "aquele que traz a luz" — parte do Despertar. Há outros que já fizeram isso.

Eles vieram aqui para nos ajudar a saber Quem Somos.

Sim. São almas iluminadas, evoluídas. Não buscam mais a próxima experiência mais elevada de si mesmos. Já tiveram a experiência mais elevada. Trazem as "boas notícias". Mostrarão a vocês o caminho e a vida de Deus. Dirão: "Eu sou o caminho e a vida. Sigam-me." Então lhes mostrarão o que é viver na glória eterna da união consciente com Deus — que é chamada de Consciência de Deus.

Nós estamos sempre unidos, vocês e Eu. Não *podemos deixar de estar. Isso é simplesmente impossível. Contudo, vocês vivem agora na experiência inconsciente dessa unificação. Também é possível viver no corpo físico em união consciente com Tudo Que É; com a consciência da* verdade máxima*; na expressão consciente de Quem Realmente São. Quando você fizer isso, servirá de modelo para todas as pessoas que estão vivendo no esquecimento. Você se tornará um lembrete vivo. E assim evitará que elas se percam para sempre em seu esquecimento.*

Isso é o inferno, perder-se para sempre no esquecimento. Contudo, Eu não permitirei que aconteça. Não permitirei que uma única ovelha se perca, mas enviarei... um pastor.

De fato, enviarei muitos pastores, e você pode escolher ser um deles. E quando as almas forem despertadas de seu sono, lembradas novamente de Quem São, todos os anjos do céu se rejubilarão com elas. Porque estavam perdidas, e foram encontradas.

Há pessoas assim — santas — em nosso planeta? Elas não existiram apenas no passado, mas também existem agora, não é?

Sim. Sempre existiram. Sempre existirão. Eu não os deixarei sem mestres; não abandonarei o rebanho, sempre o enviarei atrás de Meus pastores. E há muitos deles em seu planeta agora, como também em outras partes do Universo. E em algumas partes do Universo esses seres vivem em constante comunhão, e na expressão da maior verdade. Essas são as sociedades iluminadas das quais falei. Elas existem, são reais, e lhes têm enviado seus emissários.

O Senhor está dizendo que Buda, Krishna e Jesus eram seres de outros planetas?

Foi você quem disso isso, não Eu.

É verdade?

É a primeira vez que ouviu falar nisso?

Não, mas é *verdade*?

Você acha que esses mestres existiam em algum lugar antes de virem para a Terra, e que voltaram para lá depois de sua assim chamada morte?

Sim.

E onde acha que fica esse lugar?

Sempre achei que era no que chamamos de "Céu". Achei que tinham vindo do Céu.

E onde acha que é o Céu?

Não sei. Creio que em outra esfera.

Outro mundo?

Sim... Ah, estou entendendo. Mas eu o teria chamado de *mundo espiritual*, não de outro mundo como o conhecemos, não de outro *planeta*.

É *o mundo espiritual. Mas o que o faz pensar que esses espíritos — Santos — não podem, ou não escolheriam, viver em outra parte do Universo,* como fizeram quando vieram para o seu mundo?

Creio que nunca pensei nisso dessa forma. Nunca tive essa idéia.

"Há mais coisas entre o Céu e a Terra, Horácio, do que supõe a nossa vã filosofia."

Seu maravilhoso metafísico, William Shakespeare, escreveu isso.

Então Jesus era um ser de outro planeta?

Eu não disse tal coisa.

Bem, Ele era ou não?

Tenha paciência, Meu filho. Você está sendo muito apressado. Há mais. Muito mais. Temos outro livro inteiro para escrever.

Quer dizer que tenho de esperar pelo Livro III?

Desde o início Eu lhe disse — prometi — que haveria três livros. O primeiro trataria de verdades da vida e desafios individuais. O segundo discutiria as verdades da vida como uma família neste planeta. E o terceiro trataria de verdades universais relacionadas com questões eternas. Nele serão revelados os segredos do Universo.

A menos que não sejam.

Ah! Puxa vida! Não sei por quanto tempo vou agüentar isso! Quero dizer, estou realmente cansado de "conviver com a contradição", como o Senhor disse. Quero que o que é *seja*.

Então assim será.

A menos que não seja.

É isso! É isso! Você ACERTOU! *Agora entende a Dicotomia divina. Entende todo o quadro. Compreende o* plano.

Tudo — tudo — que sempre existiu, existe e sempre existirá, existe agora. *E portanto, tudo que é... É. Entretanto, tudo que É está constantemente* mudando, *porque a vida é um* processo contínuo de criação. *Por isso, em um sentido muito real, Tudo Que É... NÃO É.*

Esse ATO DE SER NUNCA É O MESMO. O que significa que O ATO DE SER NÃO É.

Bem, queira me desculpar, mas *credo*! Como algo assim pode ter um significado?

Não tem. *Mas você está sendo apressado de novo! Cada coisa a seu tempo, Meu filho. Esses e outros grandes mistérios serão compreendidos depois da leitura do Livro III. A menos... todos juntos agora...*

QUE NÃO SEJAM.

Exatamente.

Está bem, está bem... já basta. Mas por enquanto — para as pessoas que talvez nunca leiam esses livros — que caminhos podem ser seguidos aqui e agora, para que haja um retorno para a sabedoria, a clareza, e Deus? Precisamos nos voltar para a religião? Esse é o elo que está faltando?

Voltem-se para a espiritualidade. Esqueçam-se da religião.

Essa frase vai irritar muitas pessoas.

As pessoas reagirão a todo este livro com irritação... a menos que não reajam.

Por que o Senhor diz para nos esquecermos da religião?

Porque ela não é boa para vocês. Compreenda que para a religião organizada ser bem-sucedida, tem de fazer as pessoas acreditarem que precisam *dela. Para as pessoas terem fé em alguma coisa, têm de primeiro perder a fé em si mesmas. Por isso, a primeira tarefa da religião organizada é fazê-lo perder a fé em si mesmo. A segunda é fazê-lo ver que* ela *tem as respostas que você não tem. E a terceira e mais importante é fazê-lo aceitar as suas respostas sem questioná-las.*

Se questioná-las, começará a pensar! Se pensar, começará a se voltar para aquela Fonte Interior. A religião não pode permitir que faça isso, porque você poderá ter uma resposta diferente da dela. Por esse motivo, a religião tem de fazê-lo duvidar de seu Eu; de sua própria capacidade de ter um pensamento lógico.

O problema para a religião é que com muita freqüência o tiro sai pela culatra — porque se você não pode deixar de duvidar dos seus próprios pensamentos, como pode não duvidar das novas idéias sobre Deus que a religião lhe deu?

Logo até mesmo duvidará da Minha existência — do que, ironicamente, nunca duvidou. Quando vocês viviam de acordo com o seu conhecimento intuitivo, *talvez não Me entendessem muito bem, mas sabiam definitivamente que Eu estava lá!*

Foi a religião que criou os agnósticos.

Qualquer pensador lúcido que veja o que a religião tem feito deve *presumir que a ela não tem Deus! Porque foi a religião que encheu o coração do homem de temor a Deus, quando antes ele amava Aquele Que É em todo o seu esplendor.*

Foi a religião que mandou o homem se curvar diante de Deus, quando antes ele se levantava alegremente para ir ao Seu encontro.

Foi a religião que sobrecarregou o homem de preocupações com a ira divina, quando antes ele procurava Deus para aliviar *o seu fardo!*

Foi a religião que disse ao homem para se envergonhar de seu corpo e suas funções mais naturais, quando antes ele louvava *essas funções como as maiores dádivas da vida!*

Foi a religião que ensinou a vocês que devem ter um intermediário *para chegar a Deus, quando antes vocês achavam que chegavam a Deus apenas vivendo com bondade e na verdade.*

E foi a religião que ordenou *aos seres humanos que adorassem a Deus, quando antes eles O adoravam porque era impossível* deixar de fazê-lo*!*

Em todos os lugares foi a religião que criou a desunião — que é o oposto *de Deus.*

A religião separou o homem de Deus, dos outros homens e da mulher — algumas religiões realmente dizem *ao homem que ele é* superior *à mulher, como afirmam que Deus é superior ao homem — preparando assim o cenário para as maiores injustiças cometidas contra metade da raça humana.*

Eu lhe digo que Deus não *é superior ao homem, e que o homem* não *é superior à mulher — que essa* não *é a "ordem natural das coisas" — mas* é *o modo como todos que tinham poder (a saber, os homens)* queriam *que fosse quando formaram suas religiões que adoravam o sexo masculino, rejeitando sistematicamente metade do material de sua versão final das "Sagradas Escrituras" e distorcendo o restante para ficar de acordo com seu modelo masculino do mundo.*

É a religião que insiste até hoje *em que as mulheres são um pouco inferiores, cidadãs espirituais de segunda classe, de algum modo "não adequadas" para ensinar e pregar a Palavra de Deus, ou exercer funções sacerdotais junto ao povo.*

Como crianças, vocês ainda discutem que sexo devo escolher para essas funções!

Eu lhe digo que todos *vocês são sacerdotes.* Todos.

Não há uma pessoa ou classe de pessoas mais "adequada" do que outra para realizar a Minha obra.

Mas muitos de seus homens são como as suas nações. Ávidos por poder. Eles não gostam de partilhá-lo, *só de exercê-lo. E construíram o mesmo tipo de Deus. Um Deus ávido por poder, que não gosta de partilhá-lo, só de exercê-lo. Eu lhe digo que a maior dádiva de Deus é partilhar o Seu poder.*

Eu gostaria que vocês fossem iguais a Mim.

Mas não podemos ser iguais ao Senhor! Isso seria blasfêmia.

Blasfêmia é terem ensinado a vocês essas coisas. Eu lhe digo que vocês foram criados à Imagem e Semelhança de Deus — e foi esse destino que vieram cumprir.

Mas vocês não vieram aqui para se esforçar e nunca "chegar lá". Tampouco Eu os enviei em uma missão impossível de ser cumprida.

Acredite na bondade de Deus, e na bondade da criação divina — a saber, seus "Eus" sagrados.

O Senhor disse uma coisa neste livro que me intrigou. Gostaria de voltar a ela ao chegarmos ao final deste volume. Disse: "O poder Absoluto não exige coisa alguma." Essa é a natureza de *Deus*?

Agora você compreendeu.

Eu disse: "Deus é e pode ser tudo. Não há coisa alguma que não seja, e tudo que Ele experimenta de Si Mesmo, experimenta em, como e por meio de você." Em Minha forma mais pura, sou o Absoluto. Sou Absolutamente Tudo e, portanto, não preciso de coisa alguma, e não desejo ou exijo absolutamente nada.

A partir dessa forma verdadeiramente pura, Eu sou como você Me faz. É como se você finalmente visse Deus e dissesse: "Bem, o que fazer disso?" Contudo, não importa o que faz de Mim, Eu não posso esquecer da Minha Forma Mais Pura, e sempre voltarei a ela. Todo o resto é ficção. É algo que você está construindo.

Há aqueles que fariam de Mim um Deus invejoso; mas quem poderia ser invejoso quando tem e é Tudo?

Há aqueles que fariam de Mim um Deus colérico; mas o que Me tornaria colérico quando não posso ser ferido ou prejudicado de forma alguma?

Há aqueles que fariam de Mim um Deus vingativo; mas de quem Eu me vingaria, já que tudo que existe sou Eu?

E por que Eu Me puniria por simplesmente criar? Ou, se você pensa em nós como separados, por que Eu o criaria, dar-lhe-ia o poder de criar, a liberdade de escolha para criar o que deseja experimentar, e então o puniria para sempre por fazer a escolha "errada"?

Eu lhe digo que Eu não faria isso — e que nessa verdade está a sua libertação da tirania divina.

Na verdade, não *existe tirania — exceto em sua imaginação.*

Você pode voltar ao lar quando quiser. Podemos ficar juntos de novo sempre que desejar. O êxtase de sua união Comigo deve ser redescoberto por você. No cair de um chapéu. Na sensação do vento em seu rosto. No som de um grilo sob o céu estrelado em uma noite de verão.

Na primeira visão de um arco-íris e no primeiro choro de um recém-nascido. No último raio de um pôr-do-sol espetacular e no último suspiro de uma vida espetacular.

Eu estarei sempre com você, até o final dos tempos. Sua união Comigo é completa — sempre foi e sempre será.

Você e Eu somos *Um — agora e para sempre.*

Vá e faça da sua vida uma afirmação dessa verdade.

Faça os seus dias e as suas noites serem reflexos da idéia mais elevada dentro de você. Permita que seus momentos Atuais sejam cheios do êxtase espetacular de Deus manifestado através de você. Faça isso através da expressão do seu Amor, eterno e incondicional, por todos aqueles cuja vida toca. Seja uma luz na escuridão, e não a amaldiçoe.

Seja aquele que traz a luz.

Você é *isso.*

Então o seja.

Nota do Autor

Obrigado por se juntarem a mim nesta jornada. Sei que para muitos de vocês isso não foi fácil. Muitas das idéias apresentadas aqui vão contra grande parte das coisas em que acreditamos e alguns dos modos como nos comportamos antes de lermos este livro. Este material nos convida a criar novas crenças, ter novos comportamentos e aceitar novas idéias sobre como tudo poderia ser. Dramática e insistentemente, é pedido que nos movamos para um novo pensamento sobre as nossas vidas e o modo como as vivemos.

Esse é o "movimento do novo pensamento" sobre o qual ouvimos falar. Ele não é uma organização ou um elemento da sociedade, tanto quanto um *processo* pelo qual toda a sociedade muda de um modo de ser para outro. É a teoria do centésimo macaco em ação. Tem que ver com a massa crítica. Eu apresentei este material aqui, exatamente como me foi entregue, para favorecer esse movimento, ajudar a atingir a massa crítica e produzir essa mudança.

E devemos produzi-la. Porque não podemos continuar a seguir o caminho que temos seguido. As idéias e construções pelas quais nos guiamos como uma raça humana não nos serviram. De fato, quase nos destruíram. Temos de mudar, *devemos* mudar para termos qualquer tipo de mundo para oferecer a nossos filhos e netos.

Tendo dito isso, quero que vocês saibam que tenho muitas esperanças para nós. Acho que como uma raça estamos agora diante de uma oportunidade sem paralelo de acabar com esses bloqueios que durante tanto tempo nos impediram de realizar as nossas maiores possibilidades. Vejo em toda parte um crescimento não só individual como também — e finalmente — da consciência coletiva. Sei que é essa consciência coletiva que forma a massa e se torna a energia que alimenta a máquina da nossa experiência neste planeta. E por isso é o nível de nossa consciência coletiva que é crítico.

Agora sei que o objetivo Divino de *Conversando com Deus* é elevar essa consciência coletiva. As palavras contidas nesses livros nunca foram dirigidas apenas a mim, mas foram dirigidas por mim a todo o mundo — *assim como estão sendo dirigidas ao mesmo alvo por você.* Você permitirá que elas parem onde estão agora, terminem a sua jornada em sua mente? Ou será como eu um mensageiro, levando-as a um público maior?

O que é interessante na condição atual da raça humana como eu a vejo é que a maioria de nós concorda em que as coisas não estão indo bem. Contudo, se a maioria de nós concorda individualmente, por que todos nós não podemos fazer coletivamente algo importante em relação a isso? Essa é a pergunta que aflige a humanidade. *Como podemos transformar a consciência individual em ação coletiva?*

Acho que podemos fazê-lo não só vivendo e transmitindo a mensagem de *Conversando com Deus*, como também tentando conscientemente nos juntar a outras pessoas que já se reuniram em grupos e organizações em busca de mudanças e soluções similares, trabalhando com os mesmos objetivos. Eu gostaria de sugerir aqui três desses grupos. (É claro que sei que há muitos outros.)

Se você concorda com algumas das coisas que leu aqui, eu o aconselho a entrar em contato com o *Institute for Economics*, criado por meu amigo Dennis Weaver. Esse instituto tem como o seu princípio orientador a noção de que a ecologia e a economia não são inimigas, de que uma abordagem unificada das duas para melhorar a vida neste planeta é o único modo pelo qual essa melhoria é possível.

Uma grande quantidade de tempo e energia está sendo dedicada agora por Dennis e pelo Instituto a explorar novos caminhos de cooperação e comunicação entre os setores de negócios da sociedade mundial e os indivíduos e as organizações que se dedicam a zelar pela ecologia do planeta. Dennis acredita que os movimentos ecológico e econômico não precisam estar em desacordo, e tampouco têm objetivos opostos.

O que é necessário é o desenvolvimento de boas condições ecológicas e econômicas no modo como fazemos negócios, nos produtos que fabricamos e nos serviços que prestamos. Para entender essa idéia e fortalecê-la, Dennis inventou uma palavra *ecolonomics*. É uma afirmação de cinco sílabas de sua crença em que o benefício econômico não é inerentemente, e não precisa ser eternamente, justaposto à sensibilidade ecológica. O que é bom para um não é automaticamente um desastre para o outro.

Se você também gostaria de fortalecer essa idéia, por favor escreva para:

THE INSTITUTE FOR ECOLONOMICS
Post Office Box 257
Ridgeway, Co 81432

Receberá informações que lhe permitirão saber como pode participar disso.

Outra organização que chamou a minha atenção (e conquistou a minha admiração) é a *Foundation For Ethics and Meaning*, criada por Michael Lerner. Michael e eu temos falado sobre muitos dos assuntos abordados em *Conversando com Deus, Livro II*, e ele me disse que criou a *Foundation* como um meio de desenvolver um movimento para mudar a realidade da sociedade americana, transformar o paradigma do egoísmo e do cinismo em um paradigma de dedicação e de solidariedade.

O que Michael procura é alterar as próprias definições de nossa sociedade, de modo que a produtividade ou eficiência das corporações, a legislação ou as práticas sociais não sejam mais avaliadas apenas pelo grau em que maximizam a riqueza e o poder, mas também pelo grau em que tendem a maximizar as nossas capacidades de manter relacionamentos carinhosos e de dedicação, e de ter uma sensibilidade ética, espiritual e ecológica.

Sua fundação tem aberto sedes locais em todo o país, e algumas delas estão agora explorando iniciativas para exigir que os governos estaduais e locais considerem a história de responsabilidade social de uma corporação antes de assinar contratos com ela — ou até mesmo exijam que elas tenham de renovar as suas concessões a cada 20 anos, sendo que seus registros de responsabilidade social seriam um fator determinante disso. A fundação se concentra tanto nas necessidades econômicas como nos direitos individuais, e se opõe a forças corporativas ou governamentais que neguem um deles.

Michael é o autor de *The Politics of Meaning*. Eu o recomendo insistentemente. Como diz Cornel West em sua quarta capa: "... tenha a coragem de lê-lo." Você também pode desejar ler mais sobre esses assuntos na revista *Tikkun*, publicada regularmente pela fundação.

Para fazer uma assinatura dessa publicação maravilhosamente estimulante, e conhecer melhor o trabalho de Michael, entre em contato com:

THE FOUNDATION FOR ETHICS AND MEANING
26 Fell Street
San Francisco, CA 94103
Telefone (415) 575-1200

Uma terceira fonte da qual tomei consciência é o *Center for Visionary Leadership* fundado por Corinne McLaughlin e Gordon Davidson. Corinne e Gordon são co-autores de mais dois livros no topo da minha lista dos importantes: *Spiritual Politics: Changing the World from the Inside Out e Builders of the Dawn.* Seu centro educacional tenta fornecer *insights* espirituais das soluções inovadoras de sistemas inteiros para os problemas sociais. O centro oferece programas públicos, treinamento de liderança baseado em consultoria e valores para indivíduos e organizações. Uma de suas idéias que me empolga mais é um programa de diálogos de cidadãos para ajudar a acabar com os problemas que nos dividem neste planeta. Você pode tornar-se uma parte desse trabalho entrando em contato com:

THE CENTER FOR VISIONARY LEADERSHIP
3408 Wisconsin Ave NW
Suite 200
Washington, D.C. 20016
Telefone (202) 237-2800
Online em CVLDC(a)netrail.net

Alguns de vocês podem escolher apoiar todos esses três esforços. Seja o que for que decidirem, espero que constatem que não é verdade que um indivíduo não pode ter um impacto real e duradouro nos maiores problemas e desafios com que nos deparamos. A triste pergunta: "Mas o que posso fazer?" é respondida aqui. Há muito que você pode fazer, e há muitos lugares em que pode fazê-lo.

Portanto, esse é um convite à ação. É um pedido de reforços na linha de frente. É um convite para juntar-se a mim na formação de um exército de trabalhadores espirituais, unidos em um desejo comum de trazer amor e cura — e restituir a celebração — ao mundo.

Tendo lido as palavras que me foram transmitidas nos livros CCD, nunca mais poderei ser o mesmo. E você também não. Agora somos, você e eu, levados para o precipício; levados a um confronto com todas as nossas crenças e os nossos modos anteriores de fazer as coisas.

Muitas pessoas tendem a se sentir desconfortáveis com algumas das coisas que foram escritas aqui. Afinal de contas, nós, seres humanos, declaramos que éramos uma raça magnificente, uma espécie superior, um povo iluminado. Os livros CCD olham para onde afirmamos que estamos e dizem: "Ah-ah, lamento, mas ainda não chegaram lá." Olham para onde declaramos que queremos ir e dizem: "Não foi esse o rumo que tomaram. Não. Acho que não." E por isso os livros (especialmente, talvez, este Livro II) podem provocar algum desconforto. Contudo, o desconforto sempre é um sinal de crescimento. A vida começa no final da nossa zona de conforto.

É claro que em nosso processo de crescimento não aceitaremos todas as novas idéias apresentadas pelas outras pessoas — e certamente não é sugerido que as idéias apresentadas na trilogia CCD sejam aceitas como um "evangelho". De fato, essa é a última coisa que Deus escolheria para nós. Porque como Ele diz, o valor está na pergunta, não na resposta. Este livro nos convida não a aceitar as suas respostas, mas a *nunca deixar de fazer perguntas.*

As perguntas que CCD coloca diante de nós nos levarão direto à beira, não só de nossa zona de conforto, como também de nossa compreensão, nossas crenças e nossa experiência. Elas nos desafiam a ter uma nova experiência.

Se você gostaria de participar do processo de co-criar essa experiência; se vê a si mesmo como um ser proativo nesse processo, em vez de reativo; se sabe que é um dos mensageiros — um dos transmissores assim como um dos receptores — então junte-se a nosso novo exército. Torne-se Aquele Que Traz a Luz. Apóie os esforços e as organizações mencionadas aqui (ou qualquer outra causa justa ou grupo de que tenha conhecimento).

Há mais um grupo que desejo mencionar. É o grupo que Nancy e eu fundamos, chamado de *Recreation*. Seu objetivo é devolver as pessoas a si mesmas — e assim mudar o mundo.

Nosso trabalho começou com um boletim informativo mensal, enviado a todos aqueles que tinham feito a sua assinatura. (Milhares de pessoas em todo o mundo a fizeram desde a publicação do Livro I.) Continuou com um programa de envolvimento pessoal na transmissão da mensagem de CCD a comunidades de todos os países do mundo. E vimos o trabalho culminando neste convite para você se tornar um agente muito real de mudança no mundo que toca, até mesmo enquanto se recria.

Toda a vida é um processo de recriação, que começa em sua própria alma. Sua alma sabe se esse é o momento de você se engajar no processo mais dinâmico da vida — mudança e criação — no próximo nível. Eu sei que é o momento para mim.

É por isso que anunciei publicamente que um dos objetivos da nossa fundação é patrocinar e produzir o primeiro Simpósio Internacional sobre a Integração de Espiritualidade e Governo. Eu tenho essa idéia de que se as pessoas deste planeta algum dia decidissem se governar de acordo com as suas compreensões espirituais mais elevadas, e não conforme seus pensamentos inferiores e seus medos mais profundos, o mundo poderia mudar da noite para o dia.

É nossa intenção realizar esse simpósio em 1999, e que os ensaios, as apresentações e os diálogos resultantes disso se tornem grandes catalisadores na ampliação e realização de um processo que vemos que já começou — o processo de as pessoas de boa vontade e intenção se reunirem e se sentarem para resolver os problemas que nos separam; para celebrar as diferenças entre nós, e enriquecer a nossa experiência de tudo que nos une como seres gloriosos que habitam um lugar extraordinário do Universo.

Nossa fundação também conduz *workshops*, seminários, retiros, palestras e vários programas em todo o mundo. Mantemos o custo de todos os programas patrocinados pela fundação muito baixos, e destinamos pelo menos 20% dos espaços nesses eventos para bolsas integrais ou parciais, para torná-los acessíveis para o maior número de pessoas, independentemente de seus recursos financeiros.

É assim que nós — Nancy, eu e alguns de nossos amigos — decidimos trabalhar para mudar o paradigma. Neste comentário final, espero apresentar-lhes alguns modos de também se envolverem nessa "mudança de paradigma". O Livro III da trilogia *Conversando com Deus* vai ainda mais longe do que os Livros I ou II, descrevendo detalhadamente tanto o processo evolutivo dos seres sencientes de todo o mundo, como o trabalho e as construções das civilizações muito evoluídas do Universo. Em resumo, um modelo extraordinário para aqueles de nós que escolhem se mover através da vida de um novo modo.

Nosso boletim informativo contém sugestões e observações sobre como fazer isso, e por esse motivo muda paradigmas e cria novas realidades — tanto para você como para as outras pessoas.

Essas informações são apresentadas na forma de respostas para as perguntas de leitores de todo o mundo sobre o material contido nos livros CCD. Também trazem notícias das atividades de nossa fundação e mostram como vocês podem se tornar nossos parceiros se assim o desejarem. O boletim é apenas um modo de "ficar conectado" com a energia de CCD.

Para recebê-lo, por favor escreva para:

RECREATION
The Foundation for Personal Growth
And Spiritual Understanding
Postal Drawer 3475
Central Point, Oregon 97502
Telefone (541) 734-7222
Online em Recreating(a)aol.com

O preço é 25 dólares por ano, que cobre nossas despesas de publicação e apóia o trabalho mais amplo que descrevi aqui. Se você quiser ficar conectado, mas no momento não puder contribuir para a fundação, ficaremos felizes em lhe enviar um formulário para requerimento de bolsa. Simplesmente peça-o em sua carta.

Quero terminar aqui com uma nota pessoal.

Depois da publicação do Livro I, que conteve um comentário sobre a minha própria vida, muitos de vocês me escreveram cartas com palavras plenas de compreensão, compaixão e amor. Nunca serei capaz de lhes dizer o quanto isso significou para mim. Freqüentemente me perguntavam nessas cartas como a minha vida havia mudado desde que recebi esses livros. Essa resposta seria longa demais para ser dada detalhadamente nestas páginas; posso dizer contudo, que as mudanças foram profundas.

Eu me sinto uma nova pessoa, por dentro e por fora. Estabeleci um relacionamento carinhoso com os meus filhos. Casei-me com a mulher mais extraordinária que já conheci, e fui abençoado com a sua instrução, que é a sua experiência de vida, e o seu amor. Eu me perdoei pelo meu passado no qual, como já disse, fiz repetidamente o que muitos considerariam imperdoável. Eu me reconciliei não só com quem eu era, mas com Quem Sou — e com quem agora Escolho Ser. Finalmente sei que não sou o meu passado, que crio o meu futuro mais maravilhoso quando vivo a minha visão mais ampla agora.

Assim como vocês se juntaram a mim, e até mesmo me ajudaram com suas centenas de cartas nessa cura e nesse crescimento, e se juntam a mim agora neste segundo livro, espero que me ajudem novamente a criar essa visão mais ampla para toda a humanidade. Então ela se tornará a nossa visão, e poderemos realmente mudar o mundo.

Isso pode exigir muito de nós. Contudo, a quem muito foi dado, muito é pedido. E embora possamos ser empurrados para a beira das nossas zonas de conforto — e esse livro possa ter empurrado alguns para essa posição — devemos lembrar que é aí que está a aventura. É aí que estão as novas oportunidades. É aí que começa a verdadeira criação. E é aí que devemos nos encontrar, vocês e eu, se — nas palavras inspiradoras de Robert Kennedy — quisermos buscar um mundo mais novo.

O poeta e filósofo francês Guillaume Apollinaire escreveu:

"Venham para a beira.
Não podemos. Temos medo.
Venham para a beira.
Não podemos. Vamos cair!

Venham para a beira.
E eles foram.
E ele os empurrou.

E eles voaram."

Venham. Vamos voar juntos.

Neale Donald Walsh

Índice

Este livro foi composto em Minion 10,5/15,2
e impresso pela Edigráfica sobre
Offset 63g para a Agir em dezembro de 2011.